粮食流通统计
简明教程

国家粮食和物资储备局◎编

中国财富出版社

图书在版编目（CIP）数据

粮食流通统计简明教程 / 国家粮食和物资储备局编．—北京：中国财富出版社，2019.12

ISBN 978－7－5047－7102－5

Ⅰ.①粮… Ⅱ.①国… Ⅲ.①粮食流通—统计—中国—教材 Ⅳ.①F724.721

中国版本图书馆 CIP 数据核字（2019）第 268876 号

策划编辑 宋 宇 **责任编辑** 齐惠民 郭逸亭
责任印制 梁 凡 **责任校对** 张营营 **责任发行** 董 倩

出版发行 中国财富出版社
社　　址 北京市丰台区南四环西路 188 号 5 区 20 楼 **邮政编码** 100070
电　　话 010－52227588 转 2098（发行部） 010－52227588 转 321（总编室）
010－52227588 转 100（读者服务部） 010－52227588 转 305（质检部）
网　　址 http://www.cfpress.com.cn
经　　销 新华书店
印　　刷 北京圣艺佳彩色印刷有限责任公司
书　　号 ISBN 978－7－5047－7102－5/F·3114 **版　　次** 2020 年 10 月第 1 版
开　　本 787mm×1092mm 1/16 **印　　次** 2020 年 10 月第 1 次印刷
印　　张 20.5 **印　　数** 1—61000 册
字　　数 304 千字 **定　　价** 38.00 元

前　言

统计是动态的历史，历史是静态的统计。粮食流通统计是粮食调控和行业管理的一项重要基础性工作，是各级粮食行政主管部门必须履行的法定职责。无论是实施粮食宏观管理，还是进行企业微观经营，都需要准确及时地获取粮食流通数据信息，并加以分析研究。

粮安天下，数据为基，责任重大。党中央、国务院历来高度重视统计工作，习近平总书记多次就统计工作发表重要讲话、作出重要指示批示，党中央先后印发了《关于深化统计管理体制改革提高统计数据真实性的意见》《统计违纪违法责任人处分处理建议办法》《防范和惩治统计造假、弄虚作假督察工作规定》等多部文件，对于推动统计法律法规得到全面遵守执行、提高统计数据质量和真实性、发挥统计基础性综合性作用意义重大。

近年来，随着粮食收储制度和价格形成机制改革的不断深化，粮食供求和流通出现了一些新情况新特征，因此我们对粮食流通统计工作制度方法做了比较大的调整完善，以适应形势变化和工作需要。为便于各级粮食行政管理部门和涉粮企业准确把握工作方法，我们组织编写了《粮食流通统计简明教程》，作为统计人员工具手册。

本书依据《国家粮食流通统计调查制度》，涵盖了粮食流通统计的所有基本内容。编写中充分考虑到教材受众的特点和需要，本着理论与实际相结合的原则，着眼于对粮食流通统计基础知识的理解和统计实务的掌握，力求阐述规范、简明易懂。全书共分为十三个章节，分别是：概论、粮食流通统计、粮食行业统计、粮食市场监测、社会粮油供需平衡调查、统计分析报告、粮食统计台账和国家粮油统计信息系统。其中粮食流通统计包括商品粮食流通统计和地方储备粮食统计，粮食行业统计包括粮食产业经济、粮油仓储设施、粮食流通基础设施建设投资、粮食从业人员、粮油科技基本情况等统计。本书最后将部分与统计相关的文件和法律法规作为附录，供统计人员学习和查阅。

由于时间仓促，书中难免有疏漏或错误之处，恳请粮食行业专家和统计工作同人批评指正，以便进一步修改完善。

编　者

2020 年 9 月

目　录

第一章　概论

第二章　商品粮食流通统计

第三章　地方储备粮食统计

第四章 粮食产业经济统计

第五章 粮油仓储设施统计

第六章 粮食流通基础设施建设投资统计

第七章 粮食从业人员统计

第八章 粮油科技基本情况统计

第九章 粮食市场监测

第十章 社会粮油供需平衡调查

第十一章 统计分析报告

第十二章　粮食统计台账

第十三章　国家粮油统计信息系统

附 录

第一章 概论

1

第一节 统计基础知识

一、统计的含义

统计作为一种社会实践活动已有悠久的历史，可以说，自从有了国家就有了统计实践活动。最初，统计只是一种计数活动，为满足统治者管理国家的需要而收集资料，通过统计计数弄清国家的人力、物力和财力，作为国家管理的依据。现在的“统计”一词主要有三种含义：统计工作、统计资料和统计学。

统计工作是指利用科学的方法收集、整理、分析和提供关于社会经济现象数量资料的工作的总称。各级粮食行政管理部门对其所属地区的涉粮企业的数据资料进行收集、整理、分析等工作就是统计工作。

统计资料是指通过统计工作取得的、用来反映社会经济现象的数据资料的总称，如国家粮食和物资储备局印发的《粮食行业统计资料》等。统计资料的形式是多样的，具体表现形式为：统计图、统计表、统计公报、统计年鉴、统计手册及统计分析报告等。

统计学是指研究如何对统计资料进行收集、整理和分析的理论与方法的科学。它是人类长期统计实践活动的经验总结和理论概括，又是指导统计工作的原理和原则。

统计工作、统计资料和统计学三者之间既有区别，又有一定的联系。它们的联系主要表现在以下三个方面：

第一，统计工作与统计资料是统计活动过程与活动成果的关系。统计工作活动的目的是取得统计资料，统计资料的取得必须依靠统计工作来进行。

第二，统计工作与统计学是统计实践与统计理论的关系。一方面，统计学是统计工作的经验总结和理论概括；另一方面，统计学又指导统计工作的实践。

第三，统计工作是先于统计学而发展起来的。统计工作是随着社会政治、经济的发展和国家管理的需要而发展起来的；而统计学的出现只是近代的事情。

二、统计调查

（一）统计调查的概念和要求

统计调查是按照预定的目的和任务，运用科学的统计调查方法，有计划、有组织地收集统计资料的过程。

统计调查必须达到两个基本要求——准确性和及时性，以保证统计数据的质量。

准确性，即真实可靠，符合客观实际情况。

及时性，即按规定时限完成调查任务，保证统计资料不失时效。

统计调查的准确性、及时性是衡量统计工作质量的重要标志。

（二）统计调查的方式

常用的统计调查方式有定期统计报表、普查、重点调查、抽样调查和典型调查。

（1）统计报表：是我国统计调查工作的一种重要组织形式，是按照国家有关规定，自上而下地统一布置，自下而上逐级按照统一要求提供基本统计资料的一种报告制度。

（2）普查：是专门组织的一次性的全面调查，用来调查属于一定时点或时期内的现象的总量。普查比任何其他调查方式所收集的资料都更全面、更系统，但普查涉及工作面广、工作量大，所需的人力、物力、财力较多。

（3）重点调查：是一种非全面调查，是在所要调查的总体中选择一部分重点单位进行调查。所选择的重点单位虽然只是全部单位中的一部分，但调查的标志值在总体中占绝大比重，调查这一部分单位的情况，能够大致反映被调查对象的总体情况。

（4）抽样调查：是按照随机原则从调查总体中抽出一部分单位（在抽样调查中称作样本）进行调查，并根据调查取得的样本资料推算总体参数的调查方式。

抽样方法主要有两种：概率抽样和非概率抽样。概率抽样是最理想、最科学的抽样方法，它能保证样本数据对总体参数的代表性。概率抽样有以下几种形式。

1）简单随机抽样：是抽样调查最基本的形式，在调查总体中不加任何分组、划类、排队等，完全随机地选择样本。

2）分层随机抽样：又称为类型随机抽样。首先按某一标志将总体分成若干组（类），其中每一组（类）称为一层，再在每一层内进行抽样。分层抽样可防止简单随机抽样造成的样本构成与总体构成不成比例的现象。

3）整群随机抽样：先将总体按某一标志分为若干组，其中每个组称为一个群，以群为单位进行简单随机抽样，对抽到的群内的每个单位都进行调查。

4）等距随机抽样：又称为系统随机抽样，先将总体中各单位按一定的标志排队，然后每隔一定的距离抽取一个单位构成样本。

（5）典型调查：是一种非全面调查，根据调查的目的与要求，在对被调查对象进行全面分析的基础上，有意识地选择若干具有典型意义的或有代表性的单位进行调查。

三、统计指标

（一）统计指标的含义

统计指标是反映社会经济总体现象数量特征的基本概念及其具体数值

1

的总称。统计指标包含三个要素：指标名称、计量单位和计算方法。

（二）统计指标的种类

统计指标按作用和表现形式的不同，可分为总量指标、相对指标、平均指标、标志变异指标四类，分别反映现象的规模、水平、结构、比例、集中分散程度等数量特征。

1. 总量指标

总量指标是反映社会经济现象在一定时间、空间条件下的总规模或总水平的最基本的综合指标，用绝对数表示。例如：2016 年各类企业粮食收购量 9197 亿斤。

2. 相对指标

相对指标就是应用对比的方法，将两个相互联系的指标数值加以对比计算的一种比值。相对指标数值的计量形式有以下两种：

一是复名数，以分子分母的复合单位计量。例如：2017 年人均口粮消费量 390 公斤/人。

二是无名数，以百分数、千分数或倍数表示，没有计量单位。例如：2016 年粮食收购量同比增长 5%。

（1）增长速度

增长速度也称为增长率，是对时间数列①指标进行计算时常用的概念，是表明社会经济现象增长程度的相对指标，是根据增长量与其基期水平对比求得，说明报告期水平比基期水平增加了几倍或百分之几。若增长速度为正值，则表示该指标增长的程度；若为负值，则表示该指标降低的程度。用公式表示如下：

$$增长速度 = \frac{报告期水平 - 基期水平}{基期水平} = \frac{报告期水平}{基期水平} - 1$$

---

① 将同一统计指标的数值按其发生的时间先后顺序排列而成的数列称为时间数列。例如，2015—2018 年粮食产量，就构成一个由 4 个指标值组成的时间数列。在将两个时期的值进行对比时，将作为比较基准的时期称为基期，将所研究的时期称为报告期。

1

例 1-1-1 已知 2015 年粮食产量为 12429 亿斤，2016 年粮食产量为 12325 亿斤，求 2016 年粮食产量的增长率。

解：设 2016 年粮食产量的增长率为 x

$$x = \frac{12325 - 12429}{12429} \approx -0.008 = -0.8\%$$

（2）平均增长速度

平均增长速度表明社会经济现象逐期平均增长变化的程度，如 2010—2020 年粮食产量的年均增长率，就是平均增长速度。平均增长速度不能根据各时期的环比增长速度直接求得。

设时间序列的最初水平为 A_1，最末水平为 A_n，平均增长速度为 x，则有：

$$A_2 = A_1 + A_1x = A_1(1 + x)$$

$$A_3 = A_2 + A_2x = A_2(1 + x) = A_1(1 + x)^2$$

$$A_4 = A_3 + A_3x = A_3(1 + x) = A_1(1 + x)^3$$

$$\vdots$$

$$A_n = A_{n-1} + A_{n-1}x = A_{n-1}(1 + x) = A_1(1 + x)^{n-1}$$

由上式可得出：

$$x = \sqrt[n-1]{\frac{A_n}{A_1}} - 1$$

例 1-1-2 已知 2001 年粮食产量为 9050 亿斤，2005 年粮食产量为 9680 亿斤，求 2001—2005 年粮食产量的年均增长率。

解：设年均增长率为 x

$$x = \sqrt[5-1]{\frac{9680}{9050}} - 1 \approx \sqrt[4]{1.0696} - 1 \approx 0.017 = 1.7\%$$

3. 平均指标

平均指标是将一个总体内各个单位在某个数量标志上的差异抽象化，

以反映总体的一般水平的综合指标。

平均指标具有两个基本特点：一是平均指标是一个代表性的指标，代表总体各个单位某一数量标志的一般水平，代表总体各单位标志值的集中趋势；二是平均指标把总体各个单位某一标志数值的差异抵消掉，而反映总体的综合特征。

（1）简单算术平均数

简单算术平均数就是将总体各个单位某一标志值相加除以总体单位数求得的数值。简单算术平均数的特点是：不考虑变量值出现的次数问题。

例 1-1-3　已知 A、B、C 三家企业收购三等小麦的价格分别为：A 企业 1.32 元/斤，B 企业 1.15 元/斤，C 企业 1.31 元/斤。求三家企业三等小麦的平均收购价格。

解：设平均收购价格为 $\bar{P}$

$$\bar{P}=\frac{1.32+1.15+1.31}{3}=1.26(\text{元/斤})$$

（2）加权算术平均数

加权算术平均数是在总体经过分组形成变量数列（包括单项数列和组距数列），有变量值和次数的情况下，将各组变量值分别与其次数相乘后加总求得标志总量，再除以总体单位数（即次数总和）而求得的数值。次数也称为权数。计算公式为：

$$\bar{P}=\frac{\sum(\text{各组变量值}\times\text{各组次数})}{\sum\text{各组次数}}$$

例 1-1-4　已知 A、B、C 三家企业收购三等小麦的价格分别为：A 企业 1.32 元/斤，B 企业 1.15 元/斤，C 企业 1.31 元/斤。收购数量分别为：A 企业 250 吨，B 企业 50 吨，C 企业 150 吨。求三家企业以收购量为

1

权数计算的三等小麦的加权算术平均收购价格 $\overline{P}$ 。

解：设三家企业小麦收购价格分别为 P_1、P_2、P_3，收购数量分别为 Q_1、Q_2、Q_3，加权算术平均收购价格为：

$$\overline{P} = \frac{P_1 Q_1 + P_2 Q_2 + P_3 Q_3}{Q_1 + Q_2 + Q_3}$$

$$= \frac{1.32 \times 250 + 1.15 \times 50 + 1.31 \times 150}{250 + 50 + 150} \approx 1.3(\text{元}/\text{斤})$$

加权算术平均数由于考虑到了权数的影响，计算结果会偏向于权数较大的变量值。从例 1－1－3、例 1－1－4 中可以看出，简单算术平均价格为 1.26 元/斤，主要是被 B 企业较低的收购价格（1.15 元/斤）拉低了；而加权算术平均价格为 1.3 元/斤，没有太多地受到 B 企业的低价影响，主要是由于 B 企业收购量小于 A 企业和 C 企业，也就是 B 企业所占的权数较小，对计算结果的影响也较小。在实际工作中，可根据具体情况选择使用简单算术平均数或加权算术平均数。

4. 标志变异指标

标志变异指标是表明总体各个单位标志值的差异程度，或者说离散程度的指标，它与平均指标的作用是相辅相成的，是评价平均指标代表性大小的依据。

常用的标志变异指标有标准差、标准差系数（离散系数）等。

（1）标准差（ σ ）

标准差是总体各单位变量值与其平均数的差值平方的算术平均数的平方根。计算公式为：

$$\sigma = \sqrt{\frac{\sum(\text{变量值} - \text{平均值})^2}{\text{总体单位数}}}$$

设变量值为 x ，平均值为 $\bar{x}$ ，总体单位数为 n ，则上式可写为：

$$\sigma = \sqrt{\frac{\sum(x - \bar{x})^2}{n}}$$

标准差是表示差异程度的重要指标，标准差越大，说明变量的差异越大，平均数的代表性就越小；反之，标准差越小，说明变量的差异越小，平均数的代表性就越大。

例 1－1－5　已知甲县 5 个企业的小麦收购价分别为 1.45 元/斤、1.23 元/斤、1.36 元/斤、1.15 元/斤、1.56 元/斤；乙县 5 个企业的小麦收购价分别为 1.32 元/斤、1.36 元/斤、1.33 元/斤、1.38 元/斤、1.36 元/斤。求两县小麦收购价的标准差。

解：根据已知条件，首先分别计算出两县小麦的简单算术平均收购价，均为 1.35 元/斤。可列出表 1－1－1：

表 1－1－1　　甲、乙县小麦收购价格表

企业 n	甲县		乙县	
	收购价 x_1	$x_1-\bar{x}_1$	收购价 x_2	$x_2-\bar{x}_2$
1	1.45	0.10	1.32	-0.03
2	1.23	-0.12	1.36	0.01
3	1.36	0.01	1.33	-0.02
4	1.15	-0.20	1.38	0.03
5	1.56	0.21	1.36	0.01

甲县标准差为：

$$\sigma=\sqrt{\frac{0.1^2+0.12^2+0.01^2+0.2^2+0.21^2}{5}}\approx 0.15$$

乙县标准差为：

$$\sigma=\sqrt{\frac{0.03^2+0.01^2+0.02^2+0.03^2+0.01^2}{5}}\approx 0.02$$

由此可见，甲县标准差大于乙县，说明甲县各企业收购价格的差异性比乙县大，平均价的代表性比乙县小。

（2）标准差系数（离散系数）

标准差系数是标准差和平均数的比值，是用相对数表示的标志变动度指标。对于平均指标不相同的总体，不宜直接用标准差比较其标志变动度的大小，而需要利用标准差系数进行比较。

四、统计人员

（一）统计人员的概念

《中华人民共和国统计法》（以下简称《统计法》）所称的统计人员，是指从事统计活动的专职或兼职工作人员，包括各级政府部门统计机构和企业事业组织统计机构的负责人和工作人员，以及在不设统计机构的部门、企业事业单位、乡镇（街道办事处）、行政村或其他组织中从事统计工作的人员和指定的统计负责人。

（二）对统计人员的基本要求

统计人员应当坚持实事求是，恪守职业道德。实事求是是统计人员最重要、最基本的品质，是统计职业道德的核心内容。统计人员要不断提高自己的专业素养，使自己的专业知识水平与所执行统计任务的需要相适应。

（三）统计人员的职权

统计人员的职权，是指统计人员为了完成统计任务而由《统计法》规定拥有的权力。

（1）统计人员具有依照《统计法》规定独立行使统计调查、统计报告、统计监督的职权。

（2）统计人员有权要求有关单位和人员依照国家规定，如实提供统计资料。

（3）统计人员有权检查统计资料的准确性，要求改正不确实的统计资料。

（4）统计人员有权揭发和检举统计调查工作中的违法行为。

（5）统计人员有学习专业知识的权利。

（四）统计人员的职责

统计人员的职责，是指统计人员在一定的机构担负统计工作，为了完成统计任务而由《统计法》规定所应承担的义务。

（1）统计人员应当如实报送统计资料，准确及时完成统计工作任务，并对所报送的统计资料的真实性负责；对领导人强令或者授意篡改统计资料或者编造虚假数据的行为，应当拒绝、抵制。

（2）统计人员应当对属于国家秘密的统计资料保密，并对统计调查对象的商业秘密和私人、家庭的单项调查资料负有保密义务。

第二节　粮食流通统计

一、粮食流通统计的含义

粮食流通统计是粮食行政管理部门组织管理的反映粮食商品流通活动和粮食行业基本情况的综合性部门统计，是整个国民经济统计中不可缺少的重要组成部分。粮食流通统计以粮食商品流通为核心，包括粮食产业经济统计、仓储设施统计、行业机构人员统计等方面，基本任务是对粮食经济现象进行统计调查和统计分析，提供统计资料，实行统计监督。

二、粮食流通统计的发展历史

（一）新中国成立后至改革开放以前（1949—1978 年）

新中国成立初期，全国统计工作学习苏联经验，强调集中统一，粮食统计实行全国统一制订报表、一统到底的办法。1952 年粮食部成立后，由计划统计司专职负责粮食流通统计。1965 年以前，粮食部根据业务工作的需要，对统计制度做了几次修订和补充，增设了必要的报表。

1966 年“文化大革命”开始后，许多粮食管理机构被撤销或合并，统计人员被调离，统计力量被大大削弱，但各级粮食部门仍坚持上报粮食征购、销售、调拨、库存等主要统计数据，为“十年动乱”时期国家及时调拨粮食、保证粮食供应发挥了重要作用。周恩来总理在 1971 年的一次会议上肯定了粮食统计工作，指出当时国家只有粮食征购统计报表没有断线，能按时上报。

（二）改革开放初期至 21 世纪初（1978—2003 年）

党的十一届三中全会以后，我国对农村经济政策进行了调整，粮食工作有较大发展，各地粮食部门恢复和健全了统计机构，补充了统计人员，统计制度更加健全。1985 年开始实行合同定购，统购统销逐步退出历史舞台；1995 年国务院明确划分中央和地方粮食事权，将政策性业务和商业性经营分开统计；1998 年党中央和国务院明确了“四分开一完善”①的改革原则，推行“三项政策、一项改革”②；2000 年组建中国储备粮管

---

① “四分开一完善”，即政企分开、中央与地方责任分开、储备与经营分开、新老粮食财务挂账分开和完善粮食价格机制。

② “三项政策、一项改革”，即按保护价敞开收购农民余粮、粮食收储企业实行顺价销售和粮食收购资金封闭运行，加快国有粮食企业自身改革。

理总公司，负责中央储备粮油统计业务。

（三）进入 21 世纪的粮食流通统计（2003 年至今）

2003 年至今，随着市场形势的变化，粮食流通统计在统计年度、统计范围和统计方式上发生了一系列重要变革。

（1）统计年度：2003 年起全国粮食统计年度统一改用日历年度，即每年 1 月 1 日至 12 月 31 日为一个日历年度，不再使用粮食年度①。

（2）统计范围：2004 年 5 月，国务院出台《关于进一步深化粮食流通体制改革的意见》，决定全面放开粮食收购市场，同年 9 月国家粮食局印发的《国家粮食流通统计制度》首次将非国有粮食企业纳入统计范围，是第一部面向全社会、全行业的粮食流通统计制度，构建了新时期粮食统计的框架。

（3）统计方式：2003 年，我国首次组织开展了“社会粮食供需平衡调查”，采取抽样调查的方式对城乡居民口粮消费情况进行调查，结合统计报表数据，测算全国的粮食消费总量。社会粮食供需平衡调查至今已经连续开展了十几年，数据从未间断，为做好粮食宏观调控、维护国家粮食安全发挥了重要作用。

2014 年国家粮食局印发《关于深化粮食流通统计制度改革的实施意见》，按照“归口统计管理、精简统计指标、优化统计报表、夯实统计基础、提高统计效率”的总体思路，推动统计方式的改革创新。一是从数据收集方式上，开发了“国家粮油统计信息系统”，变逐级汇总上报为企业直报，可以更直观地从源头上追溯数据，确保数据质量；二是结束了六十多年纸质报表的历史，各项统计报表全面实现电子化，从根本上推动了统计信息化的进程。

---

① 粮食年度是根据我国粮食生产、收获和收购的特点，在粮食流通统计中规定使用的年度。1962 年以前为当年 7 月 1 日至次年 6 月 30 日，1963 年之后改为当年 4 月 1 日至次年 3 月 31 日。

三、国家粮食流通统计调查制度

（一）制定依据

《国家粮食流通统计调查制度》根据《统计法》《粮食流通管理条例》和《中央储备粮管理条例》有关规定，由国家粮食行政管理部门制定，报国务院统计部门批准。

《统计法》第七条规定：国家机关、企业事业单位和其他组织以及个体工商户和个人等统计调查对象，必须依照本法和国家有关规定，真实、准确、完整、及时地提供统计调查所需的资料，不得提供不真实或者不完整的统计资料，不得迟报、拒报统计资料。

《统计法》第九条规定：统计机构和统计人员对在统计工作中知悉的国家秘密、商业秘密和个人信息，应当予以保密。

《粮食流通管理条例》第二十二条规定：所有从事粮食收购、销售、储存、加工的粮食经营者以及饲料、工业用粮企业，应当建立粮食经营台账，并向所在地的县级人民政府粮食行政管理部门报送粮食购进、销售、储存等基本数据和有关情况。粮食经营者保留粮食经营台账的期限不得少于 3 年。粮食经营者报送的基本数据和有关情况涉及商业秘密的，粮食行政管理部门负有保密义务。

《粮食流通管理条例》第三十四条规定：粮食行政管理部门依照本条例对粮食经营者从事粮食收购、储存、运输活动和政策性用粮的购销活动，以及执行国家粮食流通统计制度的情况进行监督检查。

《中央储备粮管理条例》第三十六条规定：中国储备粮管理总公司应当定期统计、分析中央储备粮的储存管理情况，并将统计、分析情况报送国务院发展改革部门、国家粮食行政管理部门、国务院财政部门及中国农业发展银行。

（二）统计制度的性质和作用

（1）性质：《统计法》第十一条规定，统计调查项目包括国家统计调查项目、部门统计调查项目和地方统计调查项目。部门统计调查项目是指国务院有关部门的专业性统计调查项目。

《国家粮食流通统计调查制度》是国家粮食和物资储备局制定并组织实施的部门统计调查项目。

（2）作用：《国家粮食流通统计调查制度》是为科学有效地组织粮食统计工作而制定的，在促进粮食统计工作的规范化、制度化、科学化，保障统计资料的真实、准确、完整和及时等方面起了重要作用。该制度的实施，为国家制定相关粮食政策、实施宏观调控提供了重要的决策依据，对引导粮食合理有序流通、保持粮食市场基本稳定发挥了积极作用。

（三）主要内容

（1）粮油流转统计：包括各类粮油企业的收购、销售、进出口、储备粮轮换、加工、转化用粮、库存数量和价格情况，反映粮食购销形势、库存品种布局和价格变动。

（2）粮食产业经济统计：包括工业总产值、主营业务收入等经济指标，主要产品设计生产能力、实际产量等，反映粮食产业经济发展规模、速度、效益和变化趋势。

（3）粮食仓储设施和基础设施建设投资统计：包括库区面积、各仓型仓容、主要附属设施以及投资建设情况，反映社会粮食仓储设施的规模和布局。

（4）机构和从业人员统计：包括组织机构数量、从业人员数量、人员年龄构成、学历构成等，反映全行业组织机构和人员结构变化。

（5）粮食科技统计：包括科研资金投入、取得的科研成果等，反映粮食行业科研单位和企业的科研投入、产出情况。

（6）社会粮油供需平衡调查：以抽样调查方式调查城镇、乡村居民户口粮消费、家庭饲料用粮消费等，结合粮食流转统计、产业经济统计和外部门数据，推算社会粮油消费量、省间流通量等，全面反映我国粮油生产、流通、消费和库存等基本状况。

第三节 粮食流通统计的基本概念和原则

一、入统单位的类型

纳入粮食流通统计范围的单位包括各级粮食行政管理部门、各级粮食行政管理部门下属企事业单位，以及各类涉粮企业。粮食经纪人、个体工商户、农民专业合作社等非企业法人一律不纳入统计范围。

（一）按单位性质划分

1. 机关事业单位

机关事业单位主要指各级粮食行政管理部门及下属事业单位，按单位性质分为行政机关、参公管理事业单位、非参公管理事业单位三类。

2. 企业

企业按单位性质分为国有及国有控股企业、内资非国有企业、港澳台商及外商企业三类。

（1）国有及国有控股企业：国有企业，是指国家对其资本拥有所有权或者控制权的企业；国有控股企业，是指在企业的全部资本中，国家资本（股本）占较高比例，并且由国家实际控制的企业。

国有控股包括绝对控股和相对控股。国有绝对控股企业是指国家资本比例大于（或等于）50%的企业，包含未经改制的国有企业。国有相对控股企业（国有实际控制企业）是指国家资本比例不足50%，但相对高于企业中的其他经济成分所占比例，或者虽不大于其他经济成分，但根据协议规定，由国家拥有实际控制权的企业（协议控制）。

（2）内资非国有企业，是指除港、澳、台商及外商企业以外的非国有企业。

（3）港、澳、台商及外商企业，是指依照中华人民共和国法律的规定，在中国境内设立的，由中国投资者和港、澳、台地区或外国投资者共同投资的[①]，或者仅由港、澳、台地区或外国投资者投资的企业。

各级粮食行政管理部门需对辖区内的国有及国有控股企业实行全面统计，对非国有企业实行重点统计，将经营量较大、工业产值较高、经营时间连续、从事粮油进出口贸易以及有地方特色、地方政府重点扶植的企业纳入统计范围。对于经营量小、经营时间短且不连续的非国有企业，可以不纳入统计范围。

（二）按企业经营类型划分

入统企业按企业经营类型，可分为以下 6 大类：

（1）粮油购销企业：以储存、买卖粮食为主要业务的企业，包括承储储备粮的粮库、贸易企业、经营进出口业务的企业等。

（2）粮油批发市场：从事粮油商品批发业务的现货市场，不包含期货市场和政策性粮食交易市场。

（3）超市[②]：面向消费者从事粮油商品零售的商场、门市、粮油店等。

（4）成品粮油加工企业，包括：

①小麦粉加工企业：以小麦为原料生产面粉的企业。

---

① 国家统计局《关于划分企业登记注册类型的规定》第十四条："港、澳、台商投资股份有限公司是指根据国家有关规定，经外经贸部依法批准设立，其中港、澳、台商的股本占公司注册资本的比例达 25% 以上的股份有限公司。凡其中港、澳、台商的股本占公司注册资本的比例小于 25% 的，属于内资企业中的股份有限公司。"第十九条："外商投资股份有限公司是指根据国家有关规定，经外经贸部依法批准设立，其中外资的股本占公司注册资本的比例达 25% 以上的股份有限公司。凡其中外资股本占公司注册资本的比例小于 25% 的，属于内资企业中的股份有限公司。"

② 国家粮食和物资储备局不要求将粮油批发市场和超市纳入统计范围，各级粮食行政管理部门可根据实际工作需要，对粮油批发市场和超市进行统计，但作为国家级市场监测点的批发市场和超市必须纳入统计范围。

②大米加工企业：以稻谷为原料生产大米的企业，包括以糙米为原料进行二次加工，生产精米的企业。

③其他成品粮加工企业：以玉米、杂粮、薯类为原料生产成品粮的企业，生产小米、玉米面、高粱米、豆面等。

④食用植物油加工企业：以大豆或油料为原料生产食用植物油的企业，包括以毛油为原料精炼成品油的企业。

（5）转化用粮企业，包括：

①食品及副食酿造企业：以原粮或成品粮油为主要原料，通过蒸煮、发酵、烘焙、冷冻等工艺，生产各种粮油食品的企业。食品包括主食和副食。其中，主食包括馒头（包子、花卷）、挂面①、方便面、鲜湿面、米制品（方便米饭、方便米粥、米粉、米糕）等，以及各种速冻米面制主食（速冻饺子、速冻馄饨、速冻汤圆等）。副食包括饼干、糕点、调味品（醋、酱油、黄酱、麻酱）等。以大豆为原料生产豆腐、豆浆等豆制品的企业也属于食品及副食酿造企业。

②制酒企业：以粮食为原料，通过发酵、蒸馏等工艺，生产食用酒的企业，如生产白酒、黄酒、米酒等。不用粮食做原料，直接购买酒精通过勾兑生产食用酒的企业不纳入统计范围。

③饲料企业：以粮食及其副产品为原料，通过粉碎、配料、混合等工艺，生产饲养禽、畜、水产类动物饲料的企业。

④养殖企业：指购买粮食及其副产品用于喂养动物，或者购入粮食及其副产品后，通过自有生产线制成饲料，喂养动物的企业。不购买粮食，直接购买饲料喂养动物的企业不纳入统计范围。

⑤淀粉企业：以粮食为原料生产商品淀粉，并且以出售淀粉为主要盈利方式的企业。商品淀粉包括食用淀粉、工业淀粉、药用淀粉、变性淀粉等，不含生产淀粉糖的企业。

---

① 由于挂面不作为粮食统计，因此，生产挂面的企业不属于“小麦粉加工企业”，而属于“食品及副食酿造企业”。

⑥酒精企业：以粮食为原料生产酒精（乙醇），并且以出售酒精为主要盈利方式的企业。酒精包括食用酒精、工业酒精、医用酒精、燃料乙醇等，不含生产多元醇的企业。

⑦其他深加工企业：除淀粉企业、酒精企业以外的，以粮食为原料的粮油深加工企业，产品包括淀粉糖（葡萄糖、麦芽糖、糊精、饴糖、果葡糖浆、啤酒用糖浆、功能性低聚糖、低聚木糖、低聚异麦芽糖等）、多元醇（山梨糖醇、木糖醇、麦芽糖醇、甘露糖醇、低聚异麦芽糖醇、乙二醇、环氧乙烷、丙二醇等）、发酵制品（味精、氨基酸、柠檬酸等）及其他工业产品。

（6）粮油机械制造企业：生产用于粮食仓储、粮油加工、粮食质量检验的各类机械装备、质量检验检测仪器等设备。

二、粮油品种分类

（一）粮食

（1）原粮：亦称自然粮。经过收打、脱粒而未经碾磨加工的粮食，如稻谷、小麦等，以及不需要加工能直接食用的豆类、薯类中的部分品种，如蚕豆、马铃薯等。

原粮可以分为谷物、豆类和薯类。

谷物：包括小麦、稻谷①、玉米、高粱、大麦、谷子和其他谷物（荞麦、燕麦、黄米等）。

豆类：包括大豆和其他豆类（绿豆、红小豆、蚕豆、芸豆等）。

薯类：包括马铃薯折粮和其他薯类折粮（甘薯、山药、芋艿等，不含木薯）。在计量时，要按照5∶1的比例将薯类折算为粮食，即5公斤马铃薯（潮粮）=1公斤马铃薯折粮。

---

① 稻谷（大米）进一步细分为早籼稻（米）、中晚籼稻（米）和粳稻（米），糯稻（米）并入粳稻（米）统计。

1

（2）贸易粮[①]：在统计和计算粮食收购、销售、调拨、库存数量时所使用的粮食品类的统称，分小麦、大米、玉米、大豆和其他 5 个品类。贸易粮与原粮的差别在于贸易粮需将稻谷折算为大米。

（3）成品粮：原粮加工后形成的产品，如面粉、大米、小米、玉米面等，还包括不经加工即可直接作为食物的粮食，如豆类、薯类。

（4）折合原粮的计算：按现行统计制度要求，计算原粮总数时，已加工为成品粮的粮食如面粉、大米等要按规定的折率折算为原粮。入统单位在填报数据时，仅报送实际原粮、实际成品粮的数量，折合原粮数量按照国家粮食和物资储备局规定的统计折率[②]，由统计信息系统自动计算得出。具体计算方法为：

折合小麦 = 实际小麦 + （实际面粉 ÷ 小麦折率）

折合稻谷 = 实际稻谷 + （实际大米 ÷ 稻谷折率）

折合玉米 = 实际玉米 + 实际玉米面/糁

折合大豆 = 实际大豆 + 实际豆饼豆粕[③]

2014 年及以前的统计制度中，将“挂面”作为粮食统计，挂面与面粉按同一折率折算为小麦，计入“原粮”。自 2015 年起，“挂面”视为食品，不再作为粮食统计，不再参与原粮折算。如存在将挂面计入地方储备成品粮库存的情况，可将挂面并入面粉统计，不再单独列为粮食品种指标。

高粱、谷子等小品种杂粮不再细分实际原粮和实际成品粮（如高粱米、小米等），需将成品粮折算为原粮后填报。

（二）油和油料

（1）食用植物油：包括菜籽油、花生油、大豆油、棉籽油、棕榈油、

---

① 2015 年之后不再使用贸易粮的概念。

② 目前使用的统计折率为：小麦折面粉 70%；稻谷折大米 70%；玉米面折玉米 100%；豆饼豆粕折大豆 100%；油菜籽折菜籽油 32%；花生果折花生油 28%；葵花籽折葵花油 25%；芝麻折芝麻油 55%；其他油料折其他油 32%。

③ 玉米面/糁折玉米、豆饼豆粕折大豆的折率均按 100% 计算。

葵花油、油茶籽油、芝麻油、玉米油、米糠油、调和油、其他油（胡麻油、橄榄油等）。

（2）油料：包括油菜籽、花生果、葵花籽、芝麻、其他油料（胡麻、蓖麻等）。

在统计油料时，需要特别注意的是：

①尽管我国消耗大量的大豆用于生产豆油，但大豆作为粮食统计，不作为油料。

②花生果、葵花籽均指带壳果实，不是去壳后的果仁。花生仁、葵花仁需按比例[1]折算为花生果、葵花籽。

③油茶籽、核桃、油桐、油棕等木本油料不纳入油料统计。

④棉籽、玉米胚和米糠不作为油料统计。

（3）油及料折油的计算：入统单位在填报数据时，仅报送实际油脂、实际油料的数量，国家粮食和物资储备局按照规定的统计折率，由统计信息系统自动计算得出油及料折油的数量。具体计算方法为：

折合菜籽油 = 实际菜籽油 + （实际油菜籽 × 油菜籽折率）

折合花生油 = 实际花生油 + （实际花生果 × 花生果折率）

折合葵花油 = 实际葵花油 + （实际葵花籽 × 葵花籽折率）

折合芝麻油 = 实际芝麻油 + （实际芝麻 × 芝麻折率）

三、粮油性质划分

根据粮食流通统计制度的规定，社会粮食（油）库存可分为各类企业库存和居民户存粮（油）两大类。

---

① 花生果与花生仁、葵花籽与葵花仁的折算比例不做统一规定，由企业按实际情况计算。通常花生果的出仁率在60%～70%，食用葵花籽的出仁率在50%～65%，油用葵花籽的出仁率在65%～75%。

（一）各类企业库存

按粮食所有权，各类企业库存主要分为以下 7 类。

（1）商品周转粮（油），简称商品粮（油），指粮食经营者为满足经营或加工需要而储存的、拥有所有权和使用权的粮食（油），粮权属于粮食经营者。

（2）中央储备粮（油），是指中央政府储存的用于调节全国粮食供求总量，稳定粮食市场，以及应对重大自然灾害或者其他突发事件的粮食和食用油，粮权属于国务院。其前身主要是 1990 年 9 月国务院决定建立的国家专项粮食储备，1998 年以后，随着中央储备粮垂直管理体系的建立，国家专项粮食储备纳入中央储备粮之中。

（3）最低收购价粮，指国家根据最低收购价政策收购的粮食，粮权属于国务院。

（4）国家临时存储粮（油），指国家根据有关政策，通过收购、进口、划转等方式形成的特殊性质的粮食，粮权属于国务院。

（5）国家一次性储备粮（油），指国家根据有关政策将部分临时存储粮（油）划转为一次性储备的粮食（油），粮权属于国务院。

在统计业务习惯上，将最低收购价粮、国家临时存储粮（油）和国家一次性储备粮（油）统称为国家政策性粮食（油），将中央储备粮（油）和国家政策性粮食（油）统称为中央事权粮食（油）。

（6）地方储备粮（油），指地方政府储存的用于调节辖区内粮食供求总量，稳定辖区内粮食市场，以及应对重大自然灾害或者其他突发事件的粮食和食用油，可分为省级、市级和县级储备粮（油），粮权属于地方各级人民政府。

（7）地方政策性粮（油），指根据国家或地方有关政策，通过收购、划转等方式形成的粮食，粮权属于地方各级人民政府。地方储备粮（油）、地方政策性粮（油）统称为地方事权粮食（油）。

（二）居民户存粮（油）

指居民存放在自己家中的粮食（油），根据居民户类型，又可分为城镇居民存粮和农户存粮。非企业法人单位的存粮，如个体户、合作社等，合并在居民户存粮里。

社会粮食（油）性质划分如图1－3－1所示。

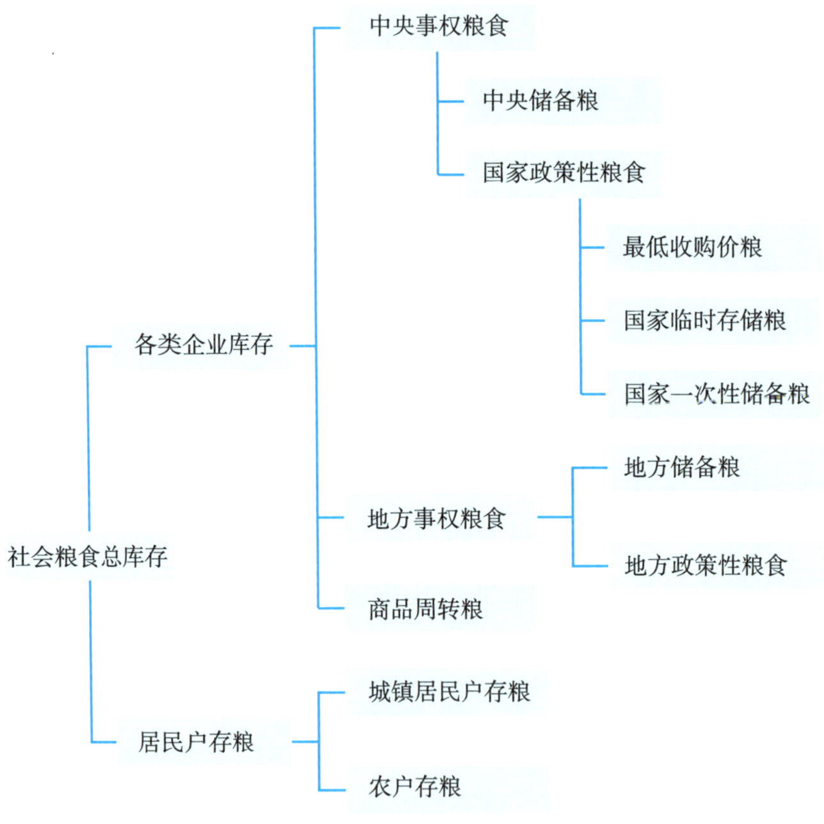

图1－3－1　社会粮食（油）性质划分

四、统计处理的基本原则

（一）粮权归属原则

（1）粮权归属原则的含义：统计数据的报送主体由粮权归属决定，即根据粮食的所有权（储备粮和政策性粮食的管理权）来确定统计报告对象，谁是粮食的所有者（储备粮和政策性粮食的管理者），谁负责报送统计报表。

（2）粮食所有权的具体表现：

①粮食的所有者需要承担粮食的主要风险，指商品可能发生的减值或损毁等造成的损失。

②粮食的所有者有权获得粮食带来的报酬，指商品价值增值或通过使用商品等获得的利益。

（3）不同性质粮食的统计报送方式：按照粮权归属原则，不同性质的粮食，需通过不同的渠道报送。

①商品粮[①]：由粮权所属的企业上报。企业需按照工商注册登记的地址，向所在地粮食行政管理部门报送统计报表。企业在注册地以外的地区进行粮食经营的，也应报送至注册地粮食行政管理部门。

集团公司下属的分公司（子公司），若为独立注册的法人，应向注册地粮食行政管理部门报送报表；若不是独立的法人，可以报送至集团总部，由集团总部统一报送至总部注册地的粮食行政管理部门。

例 1－3－1　某企业在辽宁省工商部门注册登记，该企业在吉林省收购的粮食，应由哪个省负责统计？

答：由辽宁省进行“从生产者购进”—“省外”统计，吉林省不做统计。

例 1－3－2　某企业在北京市工商部门注册登记，该企业在河北省收购粮食，然后销售至天津市，应由哪个省负责统计？

答：由北京市进行“从生产者购进”—“省外”“销售”—“省外”统计，河北省、天津市均不做统计。

②地方事权粮食：由地方储备粮和地方政策性粮食的承储企业上报，

---

① 不含中央储备粮轮换过程中产生的商品粮。

均报送至所在地粮食行政管理部门。

③中央事权粮食：中央储备粮、最低收购价粮、国家临时存储粮、国家一次性储备粮以及中央储备粮轮换过程中产生的商品粮，由中国储备粮管理集团有限公司（以下简称“中储粮集团公司”）实施垂直管理，由中储粮集团公司总部汇总，向国家粮食和物资储备局报送。中央储备粮、最低收购价粮、国家临时存储粮、国家一次性储备粮以及中央储备粮轮换过程中产生的商品粮，一律不得计入地方粮食行政管理部门的报表。

（4）中储粮集团公司各直属企业的产业经济、仓储设施、基础设施建设投资、机构和从业人员以及科技统计年报表，需通过国家粮油统计信息系统报送至省级粮食行政管理部门，由中储粮集团公司总部对数据进行审核。省级粮食行政管理部门仅负责在系统中提交，不对数据的及时性、准确性负责。

（二）权责发生制原则

“权责发生制”为会计学术语，指以权利和责任的发生来决定收入和费用归属期。统计处理按照会计的“权责发生制”进行，以粮食所有权发生改变的时间为准进行统计账务处理，而不是简单地根据实物转移或资金往来判断。粮权归属是否发生改变，根据双方签订的合同中的约定方式判断。

例 1－3－3 大米加工厂于2016年8月从粮库购入稻谷800吨，当月合同签订，粮权已转让，但只付了30%的预付款。稻谷延至9月出库完毕并运抵大米加工厂，全部货款于10月付清。统计报表应如何处理?

答：大米加工厂应在2016年8月的报表中反映“从企业购进”稻谷800吨，粮库应在2016年8月的报表中反映“销售”稻谷800吨，9月、10月均不做统计。

第二章　商品粮食流通统计

第一节 粮食购销统计

一、从生产者购进与从企业购进

（一）从生产者购进

1. 从生产者购进的含义

从生产者购进，又称为“收购”，指直接向种粮农民或者其他粮食生产者批量购买粮油。企业从农村从事粮食收购活动的粮食经纪人购进的粮食，企业收回的因灾借粮，企业自产的粮食，视同从生产者购进。

从生产者购进是粮食流转统计的核心指标之一，直接反映农民售粮情况。自收购环节开始，粮食被赋予了商品属性，正式进入流通领域。同一批次的粮食，进行“从生产者购进”的统计处理有且仅有一次，必须严格避免重复统计。

2. 从生产者购进的业务环节

售粮人将粮食运达企业后，首先由扦样员或化验员对粮食进行取样、检验，检验合格的进入检斤程序，不合格的退车。

粮食检斤后，检斤员要根据检验结果完成水分、杂质扣量，潮粮要按照标准水分①折算重量，填写收购原始票据，粮食卸车入仓。收购原始票据（见图 2－1－1）是记录统计台账的依据，规范的收购原始票据需写明售粮人的姓名、地址、身份证号，这是区别“从生产者购进”和

① 主要粮食品种标准水分为：小麦 12.5%，籼稻 13.5%，粳稻 14.5%，玉米 14%。

原粮收购凭证

日期：2015-08-19　　检验卡号：0000001　　单位：公斤;元

收购单位	公司名称	xxxxxxxxx				卸粮凭证	0000001
	税务登记号	xxxxxxxxx				卸粮仓库	堆1
售粮人	姓名	xxx	身份证号	xxxxxxxxx	车号 xxx	运距	xxx
	地址	xxxxxxxxx				电话	xxxxxxxxx
品名	出糙率%	整精米率%	等级	水分%	杂志%	谷外糙米%	出米率%
水稻	80.0%	61.0%	2	16.50%	1.50%	2.0%	78.0%
黄粒米%	互混%	病斑%	惊纹%	垩白粒率%	不完善粒%	收购方式	收购单价
0.0%	0.0%	0.0%	0.0%	0.0%	0.00%	水分计价	3.0000
毛重	皮重	现场扣量	净重	净重单价	扣重	纯重	纯重价格
22,280	12,740	90	9,450	2,895	331	9,119	3.0000
结算金额	27,357.00	大写金额	⊕贰万柒仟叁佰伍拾柒圆零角零分				

登记：　　检质：　　毛检：管理员　　皮检：管理员

注：此单只作为收货凭据，如需结算粮款，请凭此凭证换取正式发票！

图 2－1－1　粮食收购原始票据示例

（图片来源于互联网）

“从企业购进”的重要凭证，也是判断粮食来源及是否为“省外”收购的重要凭证。业务人员凭原始票据记录统计台账的“收购”项目。

统计人员根据台账的“收购”数据，填报统计报表中的“从生产者购进”项，其中购自省外的，要填报“省外”项。

（二）从企业购进

从企业购进，指企业向其他企业法人采购的粮食，该指标能反映已进入流通环节的粮食再次或多次流转的情况。在实际操作中，要严格区分从生产者购进和从企业购进的数量，售粮者为企业法人的，一律记作“从企业购进”。

企业通过竞价拍卖的方式，从交易市场上购买的粮食（包括最低收购价粮、国家临时存储粮以及各级政府储备轮出的粮食），均须按“从企业购进”统计。

（三）委托收购的统计处理

企业根据委托合同代收的粮食，要根据委托方和受托方的约定，判断粮权归属。

（1）粮食在收购时属于受托方，待验收后才将所有权转移给委托方的，由受托方根据售粮主体，做“从生产者购进”或“从企业购进”统计。粮食所有权转移给委托方后，受托方做“销售”统计，委托方做“从企业购进”统计。

（2）粮食在收购时即属于委托方的，由委托方根据售粮主体做“从生产者购进”或“从企业购进”统计。如验收不合格，委托方拒绝接收，委托方应在下一报告期或年末冲减购进数量，改由受托方统计。

（四）收购数据的审核方法

收购指标是粮食流通统计的重点指标，在实际工作中，需要参照其他数据，严格核对，确保准确。

1. 结合粮食生产情况分析

收购数量和粮食产量①、商品量②总体呈正相关的关系，一般情况下，粮食产量越高，商品量越大，收购量也越大，但收购量不应超过商品量，更不应超过产量。在收购期内，要密切关注收购量占产量的比例、占商品量的比例，如果当年的粮食产量数据无法获取，可参照去年的产量数据。

当收购数量超过当地商品量时，要分析是否存在本地企业在外地收购以及外地粮食流入的情况。一般情况下，粮食从收购价格低的地区流向收购价格高的地区，从交通不便的地区流向交通便利的地区，从地理位置偏远的地区流向处于交通要道的地区，如果出现逆向流动，则需进一步核实数据的准确性。

如果收购数量远超过当地商品量，甚至超过当地产量，需要进一步摸清粮源，必要时，要和粮源所在地的粮食行政管理部门进行沟通，双方共

---

① 粮食产量数据可从当地统计部门获取。

② 粮食商品量数据通过社会粮食供需平衡调查测算得出，具体测算方法参见第十章。

同核对收购数量。

2. 结合粮食作物生长周期进行时间序列分析

不同品种的粮食作物有不同的生长周期，相应的也就存在不同的收购旺季、淡季，一般在新粮收获上市后3个月内为收购旺季。例如华北地区的冬播小麦，收获季在每年5月，6—9月为收购旺季；东北地区的春播玉米，收获季在每年10月，11月至次年3月为收购旺季。

在收购旺季，新粮大量集中上市，从生产者购进的数量也较大。收购旺季结束后，农户余粮大部分已经售出，企业采购的粮食以“从企业购进”为主，从生产者购进的数量与收购旺季相比，应有比较明显的下降。如果年度中不同月份从生产者购进的数量差别不大，特别是一直居高不下的，需要进一步核实是否存在将“从企业购进”错统为“从生产者购进”的问题。

3. 结合历史数据密切关注收购进展

对收购数据的审核是一个长期的、持续的过程，不能等到年底或收购旺季结束后再审核汇总数据，而是要结合历史同期数据①，随时关注收购进展情况。

（1）收购数量同比增加较多，说明收购进展较快，首先要查清是否存在重复统计，如果存在，则必须及时冲减；其次要结合粮食价格、质量和收购政策等情况，分析收购进度快的原因，例如：粮食质量较好、后市普遍看涨等，都会刺激企业加快收购。

（2）收购数量同比减少较多，说明收购进展较慢，首先要查清是否存在漏统，如果存在，则必须及时补报；其次也要结合粮食价格、质量和收购政策等情况，对收购进度慢的原因加以分析，例如：粮食质量较差、预期后市价格走弱，则企业收购积极性不高。此外，农民惜售心理较强也会导致收购进度放缓。

---

① 考虑到某一年度的数据可能存在特殊性，在与历史数据进行对比时，除参照去年数据，还可以参照过去三年（或五年）的平均数据。

二、粮食收购进度统计

（一）粮食收购进度统计的含义

粮食收购进度是粮食行政管理部门为掌握农民售粮进度、监测粮食收购政策执行情况所开展的专项统计调查，仅统计粮食主产区①在收购旺季②从生产者购进的新粮数量。

（二）粮食收购进度统计的特点

收购进度统计的特点可以用“简、频、快、准”四个字概括。

1. 简

收购进度仅统计各类企业从生产者购进数量、国有企业从生产者购进数量、收购中等质量标准粮食的最低价格和最高价格 4 个指标，报表格式简明，指标精练，一目了然。

2. 频

收购进度实行五日报，逢 1 日、6 日、11 日、16 日、21 日、26 日上报（遇节假日顺延），是报送频率最高的常规报表。

---

① 小麦主产区：河北、山西、江苏、安徽、山东、河南、湖北、四川、陕西、甘肃、新疆；油菜籽主产区：江苏、浙江、安徽、江西、河南、湖北、湖南、重庆、四川、贵州、云南、陕西；早籼稻主产区：浙江、安徽、福建、江西、湖北、湖南、广东、广西；中晚籼稻主产区：江苏、浙江、安徽、福建、江西、河南、湖北、湖南、广东、广西、重庆、四川、贵州、云南；粳稻主产区：辽宁、吉林、黑龙江、江苏、浙江、安徽、河南；玉米主产区：河北、山西、内蒙古、辽宁、吉林、黑龙江、山东、河南、四川、陕西、甘肃；大豆主产区：河北、内蒙古、辽宁、吉林、黑龙江、山东、河南。其他省份根据工作需要，由省级粮食行政管理部门自行确定是否报送收购进度五日报表。

② 各品种收购旺季：小麦、油菜籽 6 月 1 日—9 月 30 日；早籼稻 7 月 21 日—9 月 30 日；中晚籼稻 9 月 21 日—次年 1 月 31 日；粳稻 11 月 1 日—次年 2 月 28（29）日；玉米 11 月 1 日—次年 4 月 30 日；大豆 11 月 1 日—次年 3 月 31 日。

3. 快

由于报送频率高，所以收购进度统计非常强调及时性，必须严格按照规定时间上报。

4. 准

在确保及时性的同时，也要保证数据的准确性。由于收购进度采用累计计数的方式，对存疑的数据如果来不及审核，可留待下期补报，切忌因错误统计、重复统计造成数据冗余。当发现收购进度明显不合理时，可以针对农户余粮做调研或专项抽样调查，结合产量、农户余粮两方面情况推算核验收购数量。

（三）收购进度与流通统计月报的差别

收购进度统计的目的是反映辖区内农民售粮进度，按照“在地管理”原则，由县级粮食行政管理部门对在辖区内收购粮食的企业进行统计，既包括本地企业在本地收购数量，也包括外地企业来本地收购数量，但本地企业在外地收购的粮食，不计入本地收购进度报表。所以，收购进度的统计要求与流通统计月报的收购统计要求有区别，后者指的是辖区内企业从生产者购进的粮食数量，既包括在本地收购，也包括在外地收购，如表 2－1－1 所示。

表 2－1－1　　收购进度与流通统计月报统计口径的差别

企业名称	企业注册地	企业收购粮源所在地	统计报表是否包含收购数量			
			甲县统计报表		乙县统计报表	
			收购进度	月报	收购进度	月报
企业 A	甲县	甲县	包含	包含	不包含	不包含
		乙县	不包含	包含	包含	不包含
企业 B	乙县	甲县	包含	不包含	不包含	包含
		乙县	不包含	不包含	包含	包含

三、粮食销售统计

（一）粮食销售的概念

粮食销售是指企业通过向其他单位或个人让渡粮食的所有权，获取相应经济收入的行为。根据《中华人民共和国合同法》等法律法规规定，凡销售行为成立，无论粮食实物是否发生转移，销售货款是否回笼，企业都要及时做销售账务处理。企业借给受灾居民的粮油，视为销售。

（二）销售行为成立的条件

按《企业会计准则》的有关规定，销售商品收入同时满足下列条件的，才能予以确认：

（1）企业已将商品所有权上的主要风险和报酬转移给购货方。通常情况下，转移商品所有权凭证或交付实物后，商品所有权上的所有（或主要）风险和报酬随之转移。如预收货款销售商品，销售方在收到最后一笔款项后向购买方发出商品，在发出商品时确认销售收入；订货销售商品，在发出商品并符合收入确认条件时确认收入；托收承付方式销售商品，在办妥托收手续时确认收入；交款提货方式销售商品、视同买断方式委托代销商品，分别在卖方开出提货单或发出代销商品时确认收入。在某些情况下，转移商品所有权凭证或交付实物后，商品所有权上的主要风险和报酬并未随之转移。如销售的商品在质量、品种、规格等方面不符合合同或协议要求，又未根据正常的保证条款予以弥补，则不能确认为收入。

（2）企业既没有保留通常与所有权相联系的继续管理权，也没有对已售出的商品实施有效控制。

（3）收入的金额能够可靠地计量。

（4）相关的经济利益很可能流入企业。如企业销售的商品符合合同或协议要求，已将发票账单交付买方，买方承诺付款。

（5）相关的已发生或将发生的成本能够准确地计量。

（三）销售行为不成立的情况

销售行为是否成立，主要是看所有权的转移。当发生以下情况时，销售行为不能成立：

（1）未通过买卖行为付出的商品，如因机构变动移交给其他单位的商品、借出的商品、归还受其他单位委托代保管的商品、赠送给其他单位的样品等。

（2）经本单位介绍，由买卖双方直接结算，本单位只收取手续费的业务。

（3）对方购买后又退回的商品。

（4）损失损耗的商品。

（5）出售本单位自用的废旧物资。

第二节　粮油加工及转化用粮统计

一、成品粮油加工

成品粮油加工是指以原粮和油料为原料，通过脱壳、研磨、压榨、浸出等工艺，生产成品粮油（毛油）的过程。加工过程中消耗的原粮和油料在“加工原料付出”项目下反映，产出的成品粮油（毛油）在“加工成品收回”项目下反映。成品粮油加工主要分为初次加工和二次加工。

（一）原粮初次加工的统计处理

从原粮到成品粮的初次加工过程中，消耗的实际小麦、实际稻谷、实际玉米在“加工原料付出”项中反映，收回的实际面粉、实际大米、实际玉米面在“加工成品收回”项中反映。

提示

直接购买成品粮油（毛油），通过分装、贴牌等方式再度出售的，不做加工统计。

在填报数据时，要注意成品粮收回与原料付出之间的比例，小麦的出粉率、稻谷的出米率一般在50%～85%，玉米面/糁的出品率一般在80%～100%。

例2-2-1 某大米加工企业从农民手中购入粳稻100吨，全部投入加工，生产出70吨粳米，应如何统计？

答：从生产者购进——实际粳稻：100吨；
加工原料付出——实际粳稻：100吨；
加工成品收回——实际粳米：70吨。

高粱、谷子等小品种粮食的加工，需要在“加工原料付出”项中填报实际消耗的原粮，在“加工成品收回”项中填报收回的成品粮折算原粮的数量①。折率根据实际情况确定，国家粮食和物资储备局不作统一规定。

（二）成品粮二次加工的统计处理

“加工原料付出”和“加工成品收回”仅统计原粮到成品粮的初次加工过程，不含对成品粮进行的二次加工。二次加工的统计处理方式有以下三种：

---

① 经折算后，加工原料付出的数量应约等于加工成品收回的数量。

（1）仅对成品粮进行二次加工，不涉及原粮处理的，不填报“加工原料付出”和“加工成品收回”，加工过程中产生的差数通过“其他支出”处理。

例2-2-2　某大米加工企业从企业购入糙米（粳米）200吨，经过二次加工，生产出180吨精米，应如何统计？

答：加工原料付出：0吨；

加工成品收回：0吨；

其他支出——实际粳米：20吨。

（2）在同一生产线，同时进行初次加工和二次加工，且两次加工过程没有明确分割的，忽略中间生产环节，仅统计最初的“加工原料付出”和最终的“加工成品收回”，即加工消耗的原粮和最终实际产出的成品粮。

例2-2-3　某大米加工企业使用1000吨粳稻，通过初次加工生产出700吨糙米，又经过二次加工生产出650吨精米，应如何统计？

答：加工原料付出——实际粳稻：1000吨；

加工成品收回——实际粳米：650吨。

（3）在不同生产线，既进行初次加工，又进行二次加工，且两道生产线相对独立、产出品可以明确分割的，依照上述规则，对两次加工过程分别进行统计。

例2-2-4　某大米加工企业期初库存糙米（粳米）300吨，当月从生产者购进稻谷1000吨，全部投入生产，经过初次加工生产出700吨糙米。企业又对800吨糙米进行了二次加工，生产出750吨精米，应如何统计？

答：初次加工的统计处理：

加工原料付出——实际粳稻：1000吨；

加工成品收回——实际粳米：700吨。

二次加工的统计处理：

其他支出——实际粳米：50 吨。

某大米加工企业成品粮油加工统计如表 2－2－1 所示。

表 2－2－1　　某大米加工企业成品粮油加工统计　　单位：吨

项目	期初库存	收入合计	从生产者购进	加工成品收回	支出合计	加工原料付出	其他支出	期末库存
实际粳稻		1000	1000		1000	1000		
实际粳米	300	700		700	50		50	950

二、食用植物油加工

（一）油料经过压榨生产毛油的统计处理

油料经过压榨工艺生产毛油的过程中，消耗的实际大豆、实际油菜籽、实际花生果①、实际葵花籽②、实际芝麻、实际其他油料在“加工原料付出”项中反映，收回的实际大豆油、实际菜籽油、实际花生油、实际葵花油、实际芝麻油、实际其他油在“加工成品收回”项中反映。

例 2－2－5　某食用植物油加工企业从农民手中购入油菜籽 100 吨，全部投入加工，生产出 35 吨菜籽油，应如何统计？

答：从生产者购进——实际油菜籽：100 吨；

加工原料付出——实际油菜籽：100 吨；

加工成品收回——实际菜籽油：35 吨。

---

① 指带壳花生果。

② 指带壳葵花籽。

大豆经过压榨生产大豆油时，生产的豆饼豆粕也在“加工成品收回”项中反映。

例2-2-6　某豆油加工企业进口大豆1000吨，全部投入加工，生产出200吨毛油、790吨豆粕，应如何统计？

答：进口——实际大豆：1000吨；

加工原料付出——实际大豆：1000吨；

加工成品收回——实际大豆油：200吨；

加工成品收回——实际豆饼豆粕：790吨。

油茶籽、核桃、油桐、油棕等木本油料以及棉籽、米糠、玉米胚等不纳入油料统计，使用上述油料作物榨油时，仅填报收回的食用油，无须填报消耗的原料。

在填报数据时，要注意食用油收回与油料付出之间的比例，油菜籽的出油率在30%～50%、花生果的出油率在20%～35%、大豆的出油率在10%～30%、葵花籽的出油率在20%～40%、芝麻的出油率在30%～70%。

（二）毛油经过精炼生产成品油的统计处理

“加工原料付出”和“加工成品收回”仅统计油料到毛油的压榨过程，不含对毛油进行的精炼加工。精炼加工的统计处理方式有以下三种：

（1）仅对毛油进行二次加工的，不填报“加工原料付出”和“加工成品收回”，加工产生的差数通过“其他支出”处理。

例2-2-7　某豆油加工企业使用1000吨毛油，精炼后生产了900吨成品油，应如何统计？

答：加工原料付出：0吨；

加工成品收回：0吨；

其他支出—实际大豆油：100 吨。

（2）在同一生产线，同时进行压榨和精炼加工，且两次加工过程没有明确分割的，忽略精炼环节，仅统计最初的“加工原料付出”和最终的“加工成品收回”，即加工消耗的油料和最终实际产出的成品油。

例 2－2－8　某豆油加工企业使用 1000 吨大豆，通过压榨生产出 200 吨毛油、790 吨豆粕；又对 200 吨毛油进行精炼，生产出 180 吨成品油，应如何统计？

答：加工原料付出——实际大豆：1000 吨；

加工成品收回——实际豆油：180 吨；

加工成品收回——实际豆饼豆粕：790 吨。

（3）在不同生产线，既进行压榨，又进行精炼，且两次加工流程相对独立、产出品可以明确分割的，依照上述规则，对两次加工过程分别进行统计。

例 2－2－9　某豆油加工企业原有大豆库存 1000 吨、豆油（毛油）库存 500 吨，本月从企业购进大豆 1000 吨，使用 1500 吨大豆进行豆油加工，通过压榨生产出 300 吨毛油、1180 吨豆粕；又对 600 吨毛油进行精炼，生产出 580 吨成品油，应如何统计？

答：初次加工的统计处理：

加工原料付出——实际大豆：1500 吨；

加工成品收回——实际大豆油：300 吨；

加工成品收回——实际豆饼豆粕：1180 吨。

二次加工的统计处理：

其他支出——实际大豆油：20 吨。

某豆油加工企业成品粮油加工统计如表 2－2－2 所示。

表 2－2－2　某豆油加工企业成品粮油加工统计　单位：吨

项目	期初库存	收入合计	从企业购进	加工成品收回	支出合计	加工原料付出	其他支出	期末库存
实际大豆	1000	1000	1000		1500	1500		500
实际大豆油	500	300		300	20		20	780
实际豆饼豆粕		1180		1180				1180

（三）调和油生产的统计处理

调和油指的是将两种或两种以上经精炼的油（香味油除外）按比例调配制成的食用油。生产调和油消耗的油在“配制调和油”项中反映，产出的调和油在“制成调和油”项中反映。调和油配制的比例应在90%～100%。

企业通过压榨和精炼工艺生产了成品油，然后使用自己生产的成品油配制调和油的，需将压榨、精炼环节和调和油生产环节分开统计。

例 2－2－10　某企业从生产者购进油菜籽1000吨，通过压榨生产了350吨毛油，又通过精炼生产了330吨成品油。企业将这330吨菜籽油和原有的300吨棕榈油混合，制成620吨调和油，应如何统计？

答：压榨和精炼环节的统计处理：

加工原料付出——实际油菜籽：1000吨；

加工成品收回——实际菜籽油：330吨。

生产调和油环节的统计处理：

配制调和油——实际菜籽油：330吨；

配制调和油——实际棕榈油：300吨；

制成调和油——实际调和油：620吨。

三、转化用粮（油）

（一）饲料用粮（油）

指饲料企业加工生产饲料所用的粮食（食用油），以及养殖企业直接喂养禽畜等使用的粮食（食用油）。

企业使用米糠、麦麸等粮食加工副产品生产的饲料，以及在饲料中添加的蛋白粉等营养添加剂的数量，不在饲料用粮（油）中反映。

在审核饲料用粮（油）数据时，需注意品种之间的比例关系，特别是实际玉米和实际豆饼豆粕之间的比例关系。玉米和豆饼豆粕分别是能量饲料和蛋白饲料的主要成分，其配比关系应大致为 3∶1。如果两者用量比例过于悬殊，需进一步核实数据的准确性，特别是要防止豆饼豆粕的漏统。

延伸阅读

能量饲料与蛋白饲料

能量饲料是指饲料绝干物质中粗纤维含量低于 18%、粗蛋白质含量低于 20% 的饲料，主要包括谷实类、糠麸类、块根（茎）类和瓜类，最常用的是玉米。

蛋白饲料是指饲料干物质中粗纤维含量在 18% 以下、粗蛋白含量大于或等于 20% 的饲料，主要包括植物性蛋白和动物性蛋白。植物性蛋白主要包括大豆饼粕、菜籽饼粕和棉籽饼粕，动物性蛋白包括各种鱼粉、骨粉等，最常用的是大豆饼粕。

（二）工业用粮（油）

指企业生产淀粉、酒精、食品、副食品、调味品、酒类等产品时，用作原料或辅助材料所消费的粮食（食用油）。工业用粮（油）包括淀粉用粮、酒精用粮、食品及副食酿造业用粮（油）、制酒用粮和其他工业用粮（油）。

（1）淀粉用粮：企业生产商品淀粉消耗的粮食，包括食用淀粉、工业淀粉、药用淀粉、变性淀粉等。生产淀粉糖消耗的粮食不作为淀粉用粮。

（2）酒精用粮：企业生产酒精（乙醇）消耗的粮食，包括食用酒精、工业酒精、医用酒精、燃料乙醇等，生产多元醇消耗的粮食不作为酒精用粮。

（3）食品及副食酿造业用粮：企业生产各种粮油食品消耗的粮食（食用油），包括生产主食、副食和各种调味品。生产豆腐、豆浆等豆制品消耗的大豆也属于食品及副食酿造业用粮。

提示

味精的主要成分是谷氨酸钠，属于多元醇的一种，生产味精消耗的粮食属于其他工业用粮。

（4）制酒用粮：企业生产白酒、黄酒、米酒等酒类饮品消耗的粮食。

（5）其他工业用粮：企业生产不在上述范围内的产品消耗的粮食，包括生产淀粉糖、多元醇、发酵制品及其他各种工业产品。

附：委托代加工的统计处理

按照粮权归属原则，委托加工由委托方进行统计处理，受托方不进行统计处理。

如委托方不是加工企业，报表中不显示“加工原料付出”和“加工成品收回”项目，需通过“其他收入”“其他支出”反映委托加工的原料付出和收回数量①。

第三节　粮食进出口统计

一、进出口的概念

粮油进口，指直接从国外、境外进口或委托代理企业进口粮油商品。

① 如果委托加工的数量较大，需由省级粮食行政管理部门联系国家局酌情处理。

粮油出口，指直接向国外、境外出口或委托代理企业出口粮油商品。

进出口的定案数据以海关统计为准，在使用海关数据时，要注意区分按企业注册地与按收发货地的统计口径（见图2－3－1）。

中华人民共和国海关进口货物报关单

预录入编号： 海关编号： （张家港关） 页码/页数：1/1

境内收货人 （ ）	进境关别 (2305) 张家港关		进口日期 20181029		申报日期 20181029		备案号	
境外发货人 (NO) CHINA AGRI OILS TRADING LIMITED	运输方式 (2) 水路运输		运输工具名称及航次号		提运单号 03		货物存放地点 江海粮油码头	
消费使用单位 （ ）	监管方式 (0110) 一般贸易		征免性质 (101) 一般征税		许可证号		启运港 (BRA087) 里奥格兰德（巴西）	
合同协议号 CAS18139S	贸易国（地区） (HKG) 中国香港		启运国（地区） (BRA) 巴西		经停港 (BRA087) 里奥格兰德（巴西）		入境口岸 (320501) 张家港	
包装种类 (00) 散装	件数 1	毛重(千克) 25500950	净重(千克) 25500950	成交方式 (2) C&F	运费 /0/	保费 CNY/58024.91/3	杂费 /0/	

随附单证及编号

随附单证1:自动进口许可证 ;检验检疫 随附单证2:发票;合同;代理报关委托协议（纸质）;原产地证据文件;提/运单;企业提供的证明材料

标记唛码及备注

备注:签约日20180926 现货价 无滞期费 2018张关保金976号，担保期限是2018年10月29日—2019年4月29日 N/M

项号	商品编号	商品名称及规格型号	数量及单位	单价/总价/币制	原产国(地区)	最终目的国(地区)	境内目的地	征免
1 (0)	1201901000	转基因黄大豆 0|3|黄大豆|蛋白含量34.98%|油含量20.85%|无升贴水	25500950千克 25500950千克	2.9530 75304305.3500 人民币	巴西 (BRA)	中国 (CHN)	(32159/320582)张家港其他/苏州市张家港市	保证金 (6)

特殊关系确认:是 价格影响确认:否 支付特许权使用费确认:否 自报自缴:是

报关人员 报关人员证号 电话 兹申明对以上内容承担如实申报、依法纳税之法律责任 海关批注及签章

申报单位 申报单位（签章）

图2－3－1 中华人民共和国海关进口货物报关单

（图片来源于互联网）

延伸阅读

《农产品进口关税配额管理暂行办法》

《农产品进口关税配额管理暂行办法》是为有效实施农产品进口关税配额管理，建立统一、公平、公正、透明、可预见和非歧视的农产品进口关税配额管理体制，根据《中华人民共和国对外贸易法》《中华人民共和国海关法》《中华人民共和国货物进出口管理条例》和《中华人民共和国

进出口关税条例》制定。

《农产品进口关税配额管理暂行办法》第二条：在公历年度内，根据中国加入世界贸易组织货物贸易减让表所承诺的配额量，确定实施进口关税配额管理农产品的年度市场准入数量。

第三条：实施进口关税配额管理的农产品品种为：小麦（包括其粉、粒，以下简称小麦）、玉米（包括其粉、粒，以下简称玉米）、大米（包括其粉、粒，以下简称大米）、豆油、菜子油、棕榈油、食糖、棉花、羊毛以及毛条。

第十三条：农产品进口关税配额将根据申请者的申请数量和以往进口实绩、生产能力、其他相关商业标准或根据先来先领的方式进行分配。

二、委托进出口的统计方式

（一）大豆的委托进口

根据转基因监管有关规定，大豆的委托进口与其他指标的统计口径不同，不按照粮权归属决定统计报账单位，而按照实际报关企业报送。凡进口大豆的，一律由实际进口的海关报关企业报送进口数量，要确保与海关统计数据相一致。委托进口大豆的，被委托方做“进口”统计，然后做“销售”统计；委托方做“从企业购进”统计。

例2－3－1　A公司委托中粮北海公司进口大豆50000吨，应如何统计？

答：中粮北海公司：

进口——实际大豆：50000吨；

销售——实际大豆：50000吨。

A公司：

从企业购进——实际大豆：50000吨。

（二）其他粮油品种的委托进出口

除大豆以外其他粮油品种的委托进口，以及委托出口（含大豆的委托出口），均按照粮权归属报送，由委托方做进出口统计，被委托方不统计。

例2-3-2 甲企业委托中粮北海公司代理进口小麦10000吨，粮食进口后甲企业将粮食转卖给乙企业，应如何统计？

答：甲企业：

进口——实际小麦：10000吨；

销售——实际小麦：10000吨。

乙企业：

从企业购进——实际小麦：10000吨。

中粮北海公司不做统计。

第四节 粮食库存统计

一、粮食库存的概念

粮食库存是指某一时点存放在仓库、货场、转运站等地的粮油实际数量。在商品粮食流通统计中，库存指的是商品周转粮库存，即企业为满足经营或加工需要而储存的、拥有所有权和使用权的粮食库存。

粮食库存为时点指标，具有以下两个特点：①不同时点的数值不具有可加性，将多个时点的库存数量加和后没有实际意义；②数值的大小与间隔时间的长短没有关系。

二、库存的时期衔接

在一个统计报告期内，报告期开始时的库存数量称为“期初库存”，报告期结束时的库存数量称为“期末库存”。

每年1月的期初库存，即为当年年度期初库存；12月的期末库存，即为当年年度期末库存。

在纳入统计范围的单位没有发生变化的前提下，当前报告期的期初库存应等于上一报告期的期末库存。任何单位、任何品种的库存数据都必须确保前后时期衔接。如2017年5月的期初库存应等于4月末的期末库存，2017年6月的期初库存应等于5月末的期末库存，以此类推。

提示

如果入统单位发生了变化，新纳入统计范围的单位，其期初库存应计为零；因种种原因（倒闭、破产、变更注册地等）不再纳入统计范围的单位，其期末库存应清理为零，确保上级汇总单位期初、期末库存衔接。

三、“粮食银行”代储业务的统计处理

“粮食银行”是粮食企业借鉴银行业经营模式的新型粮食流通业态，利用自身仓储经营条件，通过契约方式，在保障农民粮食所有权的前提下，实施代农户存储粮食，包括对粮食的整理、验质、检斤、烘干等。农户将粮食以“定期”或“活期”的形式交由企业代管代存，按约定提取原粮（成品粮）或兑换现金。

“粮食银行”存储的是粮食，存粮人与“粮食银行”开办企业签订

存粮合同或存粮协议，按照权责发生制原则，如粮食所有权不变，则“粮食银行”开办企业无须做统计处理；如粮权发生变更，由企业做“从生产者购进”处理，同时增加库存。

四、异地储存

异地储存是指 A 企业委托异地的 B 企业代为储存保管粮食。这部分粮权归 A 企业，应记入 A 企业的粮食库存，B 企业不做统计。

第三章　地方储备粮食统计

第一节　地方储备粮的购销统计

一、地方储备粮食的购进

（一）地方储备粮购进的概念

3

地方储备粮的购进指根据有关部门下发的计划，按规定的时间、数量、质量等要求组织购进，购进的同时应伴随着储备规模的增加。

（二）地方储备粮购进的统计要点

（1）严格区分售粮主体：地方储备粮购进分为“从生产者购进”和“从企业购进”。“从生产者购进”指直接向种粮农民或者其他粮食生产者批量购买粮油的数量，“从企业购进”指向其他企业法人采购粮油的数量，两者必须严格区分。

（2）严格区分粮食的性质：省、市、县三级储备粮必须分账记载，分开统计。

（3）注意计划起止时间：要注意政策文件中规定的计划起止时间，进行统计处理时要以原始凭证为准。

（4）核实粮油的数量和质量：文件中对购进粮油的数量和质量有要求的，要严格按文件执行。一般情况下，购进的应为当年新产的等内品。

例 3－1－1　某地方储备粮承储企业 2017 年 7 月接到省级地方储备小麦收购任务，计划数量 1000 吨，要求 2017 年 10 月底前完成。该企业

2017 年 8 月、9 月、10 月分别从生产者购进小麦 400 吨、500 吨、200 吨，应如何统计？

答：省级地方储备粮收支平衡月报表：

8 月：从生产者购进——实际小麦：400 吨；

9 月：从生产者购进——实际小麦：500 吨；

10 月：从生产者购进——实际小麦：100 吨。

商品粮收支平衡月报表：

10 月：从生产者购进——实际小麦：100 吨。

因地方储备粮计划收购数量为 1000 吨，不能超计划收购，所以 10 月收购的小麦中超计划的部分应作为商品粮。

3

（5）验收不合格粮食的处理：购进完成后经验收发现有不符合质量标准的粮油，必须从购进之日起退出统计，减少购进的数量，同时减少库存数量，追溯调整相应月份的统计台账和统计报表。调减的地方储备粮购进数量，如果退回供货方，则不需要计入商品粮报表；如果只是转为商品粮，不退货，则需要计入商品粮报表，相应地增加商品粮库存。

例 3－1－2　某地方储备粮承储企业 2017 年 5 月末实际存储省级储备小麦 1000 吨。6 月执行省级储备收购计划文件，从生产者购进小麦 300 吨，当月已入账并增加库存，6 月末小麦实际库存 1300 吨。7 月经检验发现其中有 50 吨小麦不符合质量标准，退出地方储备转为商品粮，应如何统计？

答：驳回 6 月省级地方储备粮收支平衡月报表，将“从生产者购进”——“实际小麦”的数量从 300 吨调减为 250 吨，将“期末库存”——“实际小麦”的数量从 1300 吨调减为 1250 吨。同时驳回 6 月商品粮收支平衡月报表，将“从生产者购进”——“实际小麦”和“期末库存”——“实际小麦”的数量均调增 50 吨。

二、地方储备粮食的销售

（一）地方储备粮销售的概念

地方储备粮的销售指根据有关部门下发的销售计划，按规定的时间、数量、质量等要求组织的销售，销售的同时应伴随着储备规模的核减。

（二）地方储备粮销售的统计要点

（1）严格区分粮食的性质：省、市、县三级储备粮必须分账记载、分开统计。

（2）注意计划起止时间：要注意销售文件中规定的出库期、实际库存核减时间、库存规模核减时间等，严格按照文件规定的时间进行统计处理。

（3）核实粮油的数量、质量和价位：严格按照销售文件中规定的数量、质量、成交价格和库存价位进行统计核算。

第二节　地方储备粮的轮换统计

一、储备粮轮换的概念

储备粮轮换，是指在储备规模不变的情况下，企业根据政府及有关部门下达的轮换计划，收购当年生产的新粮轮入并销售陈粮轮出的交易行为。

储备粮轮换业务包括轮入新粮和轮出陈粮两个环节，实际库存随之改变，储备规模不变。

二、储备粮轮换的模式

由于各地储备粮管理和补贴政策不同，储备粮轮换主要有两种模式：一是仿效中央储备粮管理的包干轮换，是采取轮换费用和价差补贴包干，储备粮库存成本不变，实物推陈储新的轮换模式。二是地方财政全额承担储备粮轮换价差，轮出储备粮的收益全额上缴地方财政，亏损当期由地方财政弥补，核减储备粮原库存成本，对轮入的储备粮重新核定入库成本。

三、储备粮轮换的统计处理

储备粮的轮换业务要通过商品粮报表中“储备粮油转入”“转作储备粮油”，以及储备粮报表中“转作商品粮油”“商品粮油转入”进行统计，不能直接在储备粮报表中通过“收购”“销售”指标反映。指标之间需满足以下平衡关系：

储备粮油转入 = 转作商品粮油

转作储备粮油 = 商品粮油转入

（一）用于轮换统计的指标含义

1. 商品粮报表中的“储备粮油转入”与“转作储备粮油”

储备粮油转入是指根据计划文件将储备粮油直接转作商品粮油，以及储备粮油轮出后转作商品粮油的数量。粮食性质从“地方储备粮”变为“商品粮”。

转作储备粮油是指根据计划文件，将商品粮油或其他政策性粮油转作储备粮油，以及储备粮油轮换时轮入的商品粮油数量。粮食性质从“商品粮”变为“地方储备粮”。

这一组指标是专门针对商品粮报表的，“储备粮油转入”时增加商品粮油的期末库存，减少地方储备粮油的期末库存；“转作储备粮油”时减少商品粮油的期末库存，增加地方储备粮油的期末库存。

2. 地方储备粮报表中的“商品粮油转入”与“转作商品粮油”

商品粮油转入是指根据计划文件购进的用于轮换的商品粮转作储备粮油的数量。粮食性质从“商品粮”变为“地方储备粮”。

转作商品粮油是指根据计划文件轮出的储备粮油的数量。粮食性质从“地方储备粮”变为“商品粮”。

这一组指标是专门针对地方储备粮报表的，“商品粮油转入”时增加地方储备粮油的期末库存，减少商品粮油的期末库存；“转作商品粮油”时减少地方储备粮油的期末库存，增加商品粮油的期末库存。

（二）轮出时的统计处理

第一步：在地方储备粮油收支平衡表中做“转作商品粮油”；

第二步：在商品粮油收支平衡表中做“储备粮油转入”；

第三步：在商品粮油收支平衡表中做“销售”。

例3－2－1　已知2017年2月末某省级储备粮承储库存储实际玉米1000吨，3月执行轮换计划轮出了500吨，当月销售了450吨，2017年3月应如何统计？

答：地方储备粮收支平衡月报表：

期初库存——实际玉米：1000吨；

转作商品粮油——实际玉米：500吨；

期末库存——实际玉米：500吨。

商品粮收支平衡月报表：

储备粮油转入——实际玉米：500吨；

销售——实际玉米：450吨；

期末库存——实际玉米：50吨。

地方储备粮轮出统计如表3－2－1所示。

表 3－2－1　　　　地方储备粮轮出统计

地方储备粮收支平衡月报表　　　　单位：吨

项目	期初库存	收入合计	商品粮油转入	其他收入	支出合计	转作商品粮油	其他支出	期末库存
实际玉米	1000				500	500		500

商品粮收支平衡月报表

项目	期初库存	收入合计	储备粮油转入	其他收入	支出合计	销售	其他支出	期末库存
实际玉米		500	500		450	450		50

（三）轮入时的统计处理

第一步：在商品粮油收支平衡表中做“从生产者购进”或“从企业购进”；

第二步：在商品粮油收支平衡表中做“转作储备粮油”；

第三步：在地方储备粮油收支平衡表中做“商品粮油转入”。

例 3－2－2　已知 2017 年 3 月末某省级储备粮承储库存储实际玉米 500 吨，商品玉米 50 吨，另有 500 吨省级储备玉米已轮出尚未轮入。2017 年 4 月从农村经纪人处购入玉米 800 吨作为轮换粮源，当月完成轮换。2017 年 4 月应如何统计？

答：商品粮收支平衡月报表：

期初库存——实际玉米：50 吨；

从生产者购进——实际玉米：800 吨；

转作储备粮油——实际玉米：500 吨；

期末库存——实际玉米：350 吨。

地方储备粮收支平衡月报表：

期初库存——实际玉米：500 吨；

商品粮油转入——实际玉米：500 吨；

期末库存——实际玉米：1000 吨。

地方储备粮轮入统计如表 3－2－2 所示。

表 3－2－2 地方储备粮轮入统计

商品粮收支平衡月报表 单位：吨

项目	期初库存	收入合计	从生产者购进	其他收入	支出合计	转作地方储备	其他支出	期末库存
实际玉米	50	800	800		500	500		350

地方储备粮收支平衡月报表

项目	期初库存	收入合计	商品粮油转入	其他收入	支出合计	销售	其他支出	期末库存
实际玉米	500	500	500					1000

四、轮空量和轮空时间

轮空量是指储备粮管理企业执行轮换计划过程中因先销后购形成暂时空库的储备粮数量。

轮空时间是指储备粮轮出后暂未轮入的时间。为保证储备粮在国家需要时调得动、用得上，政府有关部门出台了储备粮轮换管理办法，对轮空时间作了明确规定。中央储备粮轮换的轮空期最长不得超过 4 个月，即从储备粮轮出的下月起，4 个月内必须轮入，这是允许的轮空期限，否则将为超轮空期。需要强调的是，已轮入的储备粮，应当根据储备粮管理的要求，储存在规定的地点和安全仓库，否则不能认定为轮入。

地方储备粮的轮空期由地方各级政府或有关部门规定。

例 3－2－3 某企业执行上级下达的计划轮换储备小麦 20000 吨，具体轮换情况如下：2 月轮出 10000 吨，3 月轮出 10000 吨。6 月轮入 12000

吨，7 月轮入 7500 吨，8 月轮入 500 吨，完成轮换计划。该企业 2—7 月的轮空量分别是多少？如果按轮空期最长不得超过 4 个月计算，是否有超轮空期的行为？

答：计算各月轮空量：

2 月：10000 吨；

3—5 月：20000 吨（累计轮出 20000 吨）；

6 月：8000 吨（累计轮出 20000 吨，当月轮入 12000 吨）；

7 月：500 吨（累计轮出 20000 吨，累计轮入 19500 吨）。

2 月轮出的 10000 吨在 6 月已经轮入，未超过 4 个月的轮空期（从轮出的次月开始计算，3 月、4 月、5 月、6 月共计 4 个月）。

3 月轮出的 10000 吨在 7 月末仅轮入了 9500 吨，有 500 吨超轮空期，超过时间为 1 个月（3 月轮出的合理轮空期为 4—7 月，而最后的 500 吨在 8 月才轮入）。

第三节　地方储备粮的库存统计

一、地方储备粮的规模库存

储备粮计划规模是指相关部门下达的储备规模数量。计划规模不仅包含储备粮实际库存，也包含处于轮空期，即轮出未轮入的粮食，但必须有相关轮换文件。正常情况下，计划规模大于或等于实际库存。

二、地方储备粮的实际库存

指统计时点实际储存的地方储备粮数量。由于储备粮的轮换，实际库存可能小于规模库存，这是合理的。

地方储备粮的实际库存需要分生产年度报送，原粮要按照其实际收获的年度报送，成品粮要按照加工的年度报送。如果是进口的粮食，无法获知实际收获年度的，可以按照进口的年度报送。

附：

中央事权粮食的统计

中央事权粮食，包括中央储备粮（油）、最低收购价粮、国家临时存储粮（油）和国家一次性储备粮（油）。中央事权粮食以及中央储备粮轮换过程中产生的商品粮，由中储粮集团公司实施垂直管理，由中储粮集团公司总部汇总，向国家粮食和物资储备局报送，一律不计入地方粮食行政管理部门的报表。

中央事权粮油的粮权属于国务院，由于这一特殊性质，中央事权粮食统计的特点可以概括为一句话：“跟着文件走。”

一、中央事权粮食的统计体系

中央事权粮食统计资料报送流程为：直属企业—分（子）公司—中储粮集团公司。直属企业负责汇总、审核辖区内统计资料后报送分（子）公司，分（子）公司审核汇总后报送集团公司。直属企业对全辖区统计管理工作负总责，对于所辖分库、租仓企业和委托收储企业的报送流程根据实际情况进行详细规定。

（一）中央储备粮油、国家一次性储备粮油的统计工作

由直属企业及其分库完成。包括收集统计原始凭证、填制统计记账凭证、登录统计台账、编制统计报表等。储备粮油是中储粮集团公司履行“两个确保”职责的核心，是中储粮集团公司事业的根基，必须由直属企业（含分库）切实承担起管理职责。

（二）最低收购价粮和国家临时存储粮油的统计工作

（1）直属企业负责建立、登录全辖区统计台账，报送全辖区统计报

表，负责本单位库区内和租仓企业统计原始凭证的收集整理审核，填制记账凭证和登录统计台账。

（2）分库负责本库区和一定范围内租仓企业统计原始凭证的收集整理审核、填制记账凭证、登录统计台账，按要求上报各类汇总单和报表。分库所负责租仓企业范围由直属企业根据工作需要进行规定。

（3）委托收储企业负责各自企业统计原始凭证搜集审核、填制记账凭证、登录统计台账，按要求上报各类汇总单和报表。

二、《中央储备粮统计制度》

《中央储备粮统计制度》（见表3－3－1）由中储粮集团公司根据《统计法》《粮食流通管理条例》《中央储备粮管理条例》和《国家粮食流通统计调查制度》等法律法规和规范性文件制定，报国家统计局批准。

表3－3－1　　《中央储备粮统计制度》报表目录

（根据2017—2018年《中央储备粮统计制度》）

表号	报表名称	报表类别
中储粮1表	中央储备粮收支平衡月（年）报表	月（年）报
中储粮2表	中央储备粮（　）进度五日报	五日报
中储粮3表	中央储备粮收购月（年）报表	月（年）报
中储粮4表	中央储备粮销售月（年）报表	月（年）报
中储粮5表	中央储备粮调拨、库存指标划转月（年）报表	月（年）报
中储粮6表	中央储备粮轮换月（年）报表	月（年）报
中储粮7表	中央储备粮进出口月（年）报表	月（年）报
中储粮8表	中央储备粮库存月（年）报表	月（年）报
中储粮9表	中央储备粮实际库存储存品质、年限半年报表	半年报
中储粮10表	中央储备粮实际库存质量情况半年报	半年报
中储粮11表	中央储备粮实际库存分年限月（年）报表	月（年）报
中储粮12表	中央储备粮损耗年报表	年报
中储粮13表	中央储备粮实际库存月（年）报表	月（年）报

续 表

表号	报表名称	报表类别
中储粮 14 表	中央储备粮其他收支分项月（年）报表	年报
中储粮 15 表	政策性粮收支平衡月（年）报表	月（年）报
中储粮 16 表	商品粮收支存平衡月报表	月报
中储粮 17 表	商品油收支存平衡月报表	月报
中储粮 18 表	粮油收购进度五日报表	五日报
中储粮 19 表	粮油加工月（年）报表	月（年）报

三、中央事权粮食统计核算注意事项

（一）收购统计

根据国家下达的相关计划，在规定的收购期间，根据实际收购入库数量，分品种、分等级、分年限做“收购”统计，同时增加库存规模和实际库存。

（1）注意政策文件中规定的收购计划起止时间。早于文件规定的起始时间，以及晚于文件规定的截止时间收购的粮油都不能做收购统计。

（2）严格审核收购原始凭证是否符合国家相关政策规定。例如，某省启动小麦最低收购价预案的日期为 6 月 20 日，入库登记检验检斤单的登记时间为 6 月 18 日，则不能按最低收购价收购进行统计。政策性粮食收购必须严格遵照文件批复的启动时间，严禁先收后转。

（3）严格按规定的数量、质量、价格、价位进行统计。

（4）收购统计核算必须严格执行自然月最后一天结账的相关规定。

（二）销售统计

根据国家下达的相关计划，在规定的销售期间，根据实际出库数量，分品种、分价位、分年限做“销售”统计，根据实际出库数量核减实际库存，按照文件规定的时间核减库存规模。

（1）分清销售粮油的性质。销售不同性质的粮油，统计核算不同。同一性质，不同生产年度的国家政策性粮油，相关政策不同，统计核算也会有所不同。必须认真研读相关政策要求，按照文件要求进行销售核算。

（2）注意销售文件中对销售粮油的数量、质量、价格、价位、出库期、实际库存核减时间、库存规模核减时间的相关规定，严格按照文件规定进行统计处理。

（三）轮换统计

（1）区分执行轮换计划的年度。中央储备粮油轮换计划是按日历年度制定的，在同一日历年度内，执行上年轮换计划和执行本年轮换计划部分要分别统计。

（2）区分本库轮换和异库轮换。中央储备粮油本库轮换业务不影响库存规模。中央储备粮油异库轮换业务会引起承储库点间库存规模的变动，相关库点的库存规模调整的时间、数量和价位按照计划文件执行，要同时进行，数量、价位要一致。

（3）区分同品种轮换和异品种轮换（串换）。执行中央储备粮油同品种等量轮换计划，库存品种规模不变，库存结算价也不变（即轮入的粮油按轮出粮油的入库结算价记账）；执行中央储备粮串换计划，分品种库存规模发生变化，串入品种的入库结算价格根据国家有关部门文件确定。

（4）轮出轮入的粮食必须纳入商品粮管理。

（5）实际轮换数量及时间不能超过轮换文件及其他指令性文件要求的数量和时间限制。中央储备粮油先销后购形成暂时空库的，空库时间不得超过 4 个月。国家文件规定，轮出的执行期限为计划年度 12 月底。

第四章　粮食产业经济统计

第一节　产业经济统计年报

一、产业经济统计的意义

随着社会主义市场经济的不断发展和粮食流通体制改革的不断深化，以粮油加工业为引擎的粮食产业呈现出全产业链发展、多元化经营、一二三产业融合、“互联网 +” 等新特点，粮食产业经济快速增长。“十三五”时期，按照供给侧结构性改革的总体部署，随着产业结构调整、产品提档升级以及粮食收储制度的逐步完善，粮食产业增值潜力巨大，是粮食产业经济活力全面释放的关键时期。实施粮食产业经济统计，及时、全面、准确地掌握产业经济发展情况，有利于洞察新特点、发现新问题，发挥数据服务企业、服务市场的功能，有利于指导企业通过发展粮食产业经济求生存、谋发展，有利于加速实现粮食行业转型升级，保障国家粮食安全。

二、产业经济统计年报的主要内容

（一）基本情况

（1）产业化龙头企业：国家有关部门、地市级以上政府、省级有关部门正式发文认定的农业（粮食）产业化龙头企业，分为“国家级”“省级”“地市级”，以最高级别认定填报即可。不属于产业化龙头企业的选择“否”。

（2）应急加工企业：县级及以上政府或粮食行政管理部门为应对突发事件或灾害而正式发文指定的保障成品粮应急加工供应的粮油加工业企

业，分为“省级”“市级”“县级”，以最高级别认定填报即可。不属于应急加工企业的选择“否”。

（3）放心粮油示范工程：市级以上粮食行政管理部门或粮食行业协会正式发文认定的放心粮油示范工程企业，分为“中粮协”“省级”“市级”。不属于放心粮油示范工程的选择“否”。

（4）主食加工中央厨房：专门为配送各连锁店（网点）、食堂而进行生产加工主食的生产场所。

（5）研发中心：从事本企业粮油产品相关科技领域的研究开发和实验发展的机构，分为“国家级”“省级”。不属于研发中心的选择“否”。

（6）当年生产经营状况：分为“正常”“停产”“破产”，需按填报时点企业的实际情况填写。如某企业在当年1—6月正常生产，6月之后停产，此项选择“停产”；如某企业在当年1—11月持续停产，12月开始恢复生产，此项选择“正常”。

选择“正常”和“停产”的企业仍需正常填报产业经济年报表，企业的资产总额必须大于等于0万元；选择“破产”的企业可以直接空表上报。

（二）经济指标

（1）工业总产值：工业企业在报告期内生产的以货币形式表现的工业最终产品和提供工业劳务活动的总价值量。

1）工业总产值计算应遵循的原则

①工业生产的原则。即凡是企业在报告期内生产的最终产品和提供的劳务，均应包括在内。其中的最终产品，不管是否在报告期内销售，只要是报告期内生产的，就应包括在内。凡不是工业生产的产品，均不得计入工业总产值。

②最终产品的原则。即企业生产的成品价值必须是本企业生产的，经检验合格不需再进行任何加工的最终产品。企业对外销售的半成品也应视为最终产品计入工业总产值。而在本企业内各车间转移的半成品和在制品

只能计算其期末期初差额价值。

2）工业总产值的内容

工业总产值包括生产的成品价值、对外加工费收入、自制半成品在制品期末期初差额价值。

①成品价值：企业在报告期内生产，并在报告期内不再进行加工，经检验合格、包装入库的已经销售和准备销售的全部工业成品（包括半成品）价值合计。成品价值中包括企业生产的自制设备及提供给本企业在建工程、其他非工业部门和生活福利部门等单位使用的成品价值，但不包括用订货者来料加工的成品（半成品）价值。

工业总产值是按现行价格计算的。成品价值按成品实物量乘以报告期不含应交增值税（销项税额）的产品实际销售平均单价计算。

②对外加工费收入：企业在报告期内完成的对外承做的工业品加工（包括用订货者来料加工生产）的加工费收入和对外工业品修理作业所收取的加工费收入以及对内非工业部门提供的加工修理、设备安装等收入。对外加工费收入按不含应交增值税（销项税额）的价格计算。

对于以对外加工生产为主，对外加工费收入所占比重较大的企业，如果对外加工费收入出现跨报告期支付的情况，为保证总产值生产口径计算的准确性，则应将对外加工费收入按实际情况调整，记录本报告期应实际收取的对外加工费收入。

③自制半成品在制品期末期初差额价值。自制半成品在制品期末期初差额价值等于自制半成品在制品期末价值减去期初价值后的余额，如果期末价值小于期初价值，该指标为负值，企业在计算产值时，应按负值计算，不能作为零处理。

（2）主营业务收入：企业确认的销售商品、提供劳务等主营业务的收入。根据会计“主营业务收入”科目的期末贷方余额（结转前）填报。执行2006年《企业会计准则》或2011年《小企业会计准则》的企业，如未设置该科目，根据企业会计决算“利润表”中的“营业收入”填列。

（3）销售收入：企业销售粮油产品及副产品、粮油食品、饲料、深加工产品、粮油机械设备的收入和提供劳务取得的收入。根据企业会计账“销售收入”科目填列。其中互联网销售收入指企业通过互联网销售粮油、粮机等产品获得的收入。

（4）销售成本：已销售产品的生产成本或已提供劳务的劳务成本以及其他销售的业务成本。根据企业会计账“销售成本”科目填列。

（5）费用总额：销售费用、管理费用、财务费用之和。根据企业会计决算“利润表”中的相关指标计算填列。

1）销售费用：企业在销售商品和材料、提供劳务的过程中发生的各种费用，包括保险费、包装费、展览费和广告费、商品维修费、预计产品质量保证损失、运输费、装卸费等以及为销售本企业商品而专设的销售机构（含销售网点、售后服务网点等）的职工薪酬、业务费、折旧费等经营费用。执行其他企业会计制度的企业，根据会计“利润表”中“营业费用”（或经营费用）项目的本期金额数填报。

2）管理费用：企业为组织和管理企业生产经营所发生的费用，包括企业在筹建期间发生的开办费、董事会和行政管理部门在企业经营管理中发生的或者应当由企业统一负担的公司经费等。根据会计“利润表”中“管理费用”项目的本期金额数填报。

3）财务费用：企业为筹集生产经营所需资金等而发生的筹资费用，包括企业生产经营期间发生的利息支出（减利息收入）、汇兑损失（减汇兑收益）以及相关的手续费等。根据会计“利润表”中“财务费用”项目的本期金额数填报。

（6）利润总额：企业生产经营活动的最大成果，是企业在一定时期内盈亏相抵后的利润总额。根据企业会计决算“利润表”中的“利润总额”填列。

1）执行《企业会计准则》的企业

营业利润 = 营业收入 − 营业成本 − 营业税金及附加 − 销售费用 −
管理费用 − 财务费用 − 资产减值损失 +

公允价值变动收益 + 投资收益

2）执行《小企业会计准则》的企业

营业利润 = 营业收入 − 营业成本 − 营业税金及附加 − 销售费用 − 管理费用 − 财务费用 + 投资收益

3）执行其他企业会计制度的企业

营业利润 = 主营业务收入 − 主营业务成本 − 主营业务税金及附加 + 其他业务利润 − 销售费用 − 管理费用 − 财务费用

（7）应交增值税：按照税法规定，针对销售货物或提供加工、修理修配劳务以及进口货物实现的增值额，企业在报告期内应交纳的税金。根据企业会计决算“应上交应弥补款项表”中的“增值税本年应交数”填列。

（8）资产总额：企业拥有或控制的全部资产。根据企业会计决算“资产负债表”中的“资产总额”填列。

（9）负债总额：企业过去的交易、事项形成的现时义务，履行该义务预期会导致经济利益流出企业，包括流动负债和长期负债。根据企业会计决算“资产负债表”中的“负债总额”填列。

（10）当年固定资产投资：报表统计年度以货币表现的建造和购置固定资产活动的工作量，它是反映固定资产投资规模、速度、比例关系和使用方向的综合性指标，包括固定资产更新（局部和全部更新）、改建、扩建、新建等活动。根据企业会计决算“基本情况表”中的“本年固定资产投资额”填列。

（三）技术指标

（1）研究开发投入：研发经费支出合计指报告期内企业研发活动的经费支出合计，包括企业内部的日常研发经费支出，当年形成用于研发的固定资产支出和委托外单位开展研发的经费支出。

1）研发经费支出合计中使用来自政府部门的研发资金指报告期内企业使用的从政府有关部门得到的研发活动资金，包括纳入国家计划的中间试验费、政府科技贷款等。

2）企业内部的日常研发经费支出指报告期内企业内部研发活动的直接支出，以及用于研发活动的管理费、服务费和外协加工费等支出。不包括当年形成用于研发的固定资产支出、委托外单位开展研发的经费支出、生产性活动支出、归还贷款支出以及购买专利等无形资产支出。

3）当年形成用于研发的固定资产支出指报告期内企业形成的用于研发的固定资产原价。对于研发与生产共用的固定资产应按比例进行分摊，其中仪器和设备一般应按使用时间进行分摊，建筑物一般应按使用面积进行分摊。

4）委托外单位开展研发的经费支出指报告期内企业委托外单位或与外单位合作进行研发活动而拨给对方的经费，不包括外协加工费。

（2）专利获得数量：报告期内企业作为第一申请人向境内外知识产权行政部门提出申请专利并获得授权的数量。

（四）设计生产能力

（1）设计生产能力的分类：设计生产能力按“成品粮油加工”“粮油食品加工”“饲料加工”和“粮食深加工”四类填报。

提示

“成品粮油加工”下的“日处理玉米”仅指使用玉米加工玉米面/糁的设计生产能力，使用玉米生产淀粉、酒精以及其他深加工产品的日处理能力需填报到“粮食深加工”项下。

1）成品粮油加工：企业使用小麦、稻谷、油菜籽、花生果等原粮、油料为原料，生产面粉、大米、食用油的设计生产能力。成品粮油加工的设计生产能力需分品种填报。

食用植物油加工企业按油料处理能力和精炼能力分别填报，其中日处理大豆能力、日处理油菜籽能力、日精炼大豆油能力、日精炼菜籽油能力是指只能加工大豆、油菜籽和精炼大豆油、菜籽油专用生产能力。日精炼能力指对原油（毛油）进行加工，能够生产符合现行国家标准或行业标准四级以上（含四级）食用植物油的能力。日灌装小包装油脂指用于生产小包装油脂（20 升及以下）的灌装能力。

2）粮油食品加工：粮油食品加工需要分别填报日处理粮食、日处理食用植物油的能力和日产主食食品的能力。

①日处理粮食（食用植物油）：企业生产各种主、副食食品，酒类，以及调味品的日处理原料能力。粮油食品加工的日处理粮食（食用植物油）能力不需要分品种报送，仅报送各品种求和的总数即可。如果企业的生产线能够处理 2 种及以上粮油品种，将各品种数值求和后填报。

4

例 4－1－1 某食品加工企业的生产线每日可处理 200 吨面粉或 180 吨大米，粮油食品加工的设计生产能力如何填报？

答：填报日处理粮食 380 吨（200 吨＋180 吨）。

②日产主食食品：企业生产馒头、挂面、鲜湿面、方便面、方便米饭、米粉（线）、速冻米面制主食的设计生产能力。

3）饲料加工：饲料加工企业需报送日饲料生产能力和日处理粮食能力，两者需同时填报数据或同时为空，不能出现其中一项有数据、另一项无数据的情况。日处理粮食能力需分品种报送。如果企业的生产线能够处理两种及两种以上粮食品种，需要分别填报。

例 4－1－2 某饲料企业的生产线每日可处理 100 吨小麦或 120 吨玉米，饲料加工的日处理能力如何填报？

答：填报日处理小麦 100 吨、日处理玉米 120 吨。

4）粮食深加工：企业生产淀粉、酒精以及淀粉糖、多元醇等工业产品的日处理原料能力，需分品种报送。如果企业的生产线能够处理两种及两种以上粮食品种，需要分别填报。

例4－1－3 某淀粉企业的生产线每日可处理100吨玉米或120吨马铃薯，粮食深加工的日处理能力如何填报？

答：填报日处理玉米100吨、日处理杂粮及薯类120吨。

（2）日处理能力的填报规则：

1）日处理稻谷能力按每天开工两班16小时计算。

2）日处理小麦能力按每天开工三班24小时计算。

3）油料处理能力、精炼能力、灌装能力均按每天开工三班24小时计算。

4）日处理玉米能力，按每天开工三班24小时计算。

5）日处理杂粮能力，按每天开工三班24小时计算。

6）日产主食食品、日产饲料能力均按每天开工三班24小时计算。

（3）年处理能力的计算方法：企业在填报时，只需报送日处理能力，年处理能力按照公式自动计算得出。除玉米的年生产能力按照日处理能力×300天计算外，其他各品种均按日处理能力×250天计算。

（4）企业在具体填报时，可以区分以下两种情况：第一种是原有设计能力未经重大技术改造的，用设计能力填报；经过技术改造后，有技术改造后设计能力的，填报技术改造后的设计能力。第二种是原有设计能力已不能反映实际情况，有核定能力的，按核定能力填报。

（五）实际产量及规模

（1）主食产业化规模

主食厨房销售网点数量：销售企业生产的主食产品的网点数量。

主食厨房配送中心数量：企业用来配送主食产品的站点数量。

（2）粮油机械制造：企业当前年度生产的小麦粉加工主机、大米加工主机、食用油加工主机、饲料加工主机、仓储设备、通用设备、粮油质检仪器和其他设备的数量。

其他产量指标参见本章第二节。

（六）年度能源消耗

指成品粮油加工企业年度用水、用电、用气、折合标准煤以及溶剂的使用量，包含生活用水、用电的能源消耗量。溶剂消耗只针对食用植物油加工企业。

（七）产业化龙头企业优质原粮基地

（1）企业建立优质原粮基地面积：产业化龙头企业通过订单、合同、入股、流转耕地使用权等方式设立的优质原粮基地面积。

（2）优质原粮基地关联农户数：产业化龙头企业通过订单、合同、入股、流转耕地使用权等方式设立优质原粮基地所关联涉及的农户数量。

（3）订单收购数量：企业通过订单收购的粮食数量。

三、产业经济统计年报实务要点

（一）设计生产能力与加工成品收回、原料消耗量的关系

（1）成品粮油加工：在商品报表中填报了某品种的加工原料付出后，必须填报对应品种的成品粮油加工日处理能力。

（2）粮油食品加工：在商品报表中填报了粮食、食用油的食品及副食酿造用粮油和制酒用粮后，必须填报粮油食品加工的日处理能力。

（3）饲料加工：在产品报表中填报了饲料产量后，必须填报日饲料生产能力和饲料加工的日处理能力。

（4）粮食深加工：在商品报表中填报了淀粉用粮油、酒精用粮油和其他工业用粮油后，必须填报对应品种的粮食深加工日处理能力。

设计生产能力（产能）、加工成品收回（产量）与加工原料付出和转化用粮（原料消耗量）三者之间的关系如表4－1－1所示：

表4－1－1　　产能、产量与原料消耗量的关系

前提	结论	是否成立
产能＞0	产量＞0	不成立，有产能不一定要有产量（企业停产）
产量＞0	产能＞0	成立，有产量则说明有产能
产能＞0	原料消耗量＞0	不成立，有产能不一定要有原料消耗量（企业停产）
原料消耗量＞0	产能＞0	有条件成立，饲料用粮可能是用于直接喂养动物而不是生产饲料，因此没有饲料产能
产量＞0	原料消耗量＞0	有条件成立（详见本章第二节）
原料消耗量＞0	产量＞0	有条件成立（详见本章第二节）

（二）产能利用率的核对

产能利用率指的是实际生产消耗的粮食（油）与设计生产能力的比例，产能利用率大于100%的需要重点核对。

例4－1－4　某小麦粉加工企业面粉加工的日处理小麦能力为73吨，2017年生产实际面粉18277吨，付出实际小麦24866吨，求该企业的产能利用率。

解：首先计算该企业的年处理小麦能力：$73 \times 250 = 18250$（吨）

然后计算产能利用率：$产能利用率 = \frac{24866}{18250} \approx 1.36 = 136\%$

该企业产能利用率大于100%，需要进一步核实是否存在委托加工情况，或是否存在填报错误。

（三）产品出品率的核对

产品出品率指的是实际生产消耗的粮食（油）与产量之间的比例，成品粮加工和油料压榨的产品出品率已设置统一的标准，食品加工、饲料加工和粮食深加工的产品出品率需要在审核时予以注意。

（四）委托代加工设计生产能力填报问题

委托代加工的填报方式详见第二章第二节。如委托方不是加工企业，委托加工的数量又较大，需在委托方的单位基本信息表“企业经营类型”一项中选择加工企业。在这种情况下，委托方填报了产量和原料消耗量，却因为本身不是加工企业，无法填报设计生产能力。如遇这种情况，需由省级粮食行政管理部门联系国家局管理员，在产业经济的单位树上停用该企业。

第二节 产业经济统计季报

一、产业经济统计季报的主要内容

（一）成品粮油指标

（1）小麦粉：分为专用粉、全麦粉、食品工业用粉和民用粉。

专用粉，是相对于通用粉而言的、能满足各类食品不同的品质需求和加工工艺要求专用的面粉。专用粉的品类很多，一般常见的有：面包粉、饼干粉、饺子粉、馒头粉、面条粉、蛋糕粉、自发粉、汤用粉、面糊粉等。

全麦粉，是以整粒小麦为原料，经制粉工艺制成的，且小麦胚乳、胚芽与麸皮的相对比例与天然完整颖果基本一致的小麦全粉。

食品工业用粉，指符合通用面粉标准要求，根据客户实际需要订制生产的具备一定规格的用于工业转化的面粉。

民用粉，指主要面向消费者销售，用于直接口粮消费的面粉。

上述4种面粉的数量均应小于等于小麦粉的数量。

小麦粉的产量、库存应等于商品月报中“实际面粉”的“加工成品收回”和“期末库存”。

（2）大米（含二次加工）：企业通过初次加工和二次加工生产的大米数量之和。由于二次加工不在流通月报中反映，所以季报表中的“大米（含二次加工）”的产量应大于等于商品月报中“加工成品收回”的“实际大米合计”，库存应大于等于商品月报中“期末库存”的“实际大米合计”。

例4－2－1　某大米加工企业使用1000吨糙米（粳米），通过二次加工生产出900吨精米，在产业经济季报中应如何报送？在商品月报中应如何报送？

答：产业经济季报中“大米（含二次加工）的产量”为900吨；商品月报中“加工成品收回”的“实际粳米”为0吨。

例4－2－2　某大米加工企业使用1000吨粳稻，通过初次加工生产出700吨糙米，又通过二次加工生产出650吨精米，在产业经济季报中应如何报送？在商品月报中应如何报送？

答：产业经济季报中“大米（含二次加工）”的产量为1350吨（700吨＋650吨）；商品月报中“加工成品收回”的“实际粳米”为650吨（忽略中间环节，仅统计最终收回的成品粮数量）。

非传统食用大米为“大米（含二次加工）”的其中数，指发芽糙米、留胚米、蒸谷米。

（3）玉米面和玉米楂：企业生产的玉米面和玉米楂，产量、库存应等于商品月报中“实际玉米面和玉米楂”的“加工成品收回”和“期末库存”。

（4）成品杂粮及杂粮粉：企业生产的，除面粉、大米、玉米面和玉米糁以外的其他成品杂粮（粉），如高粱米、小米等。

需要注意的是，商品月报中小品种粮食的“加工成品收回”项填报收回的成品粮折算原粮的数量，产业经济季报中“产量”项填报实际成品粮的数量，因此产业经济季报中成品杂粮及杂粮粉的产量、库存应小于等于商品月报中“其他粮合计”的“加工成品收回”和“期末库存”。

例4－2－3 某杂粮加工企业使用100吨谷子生产了80吨小米，在产业经济季报中应如何报送？在商品月报中应如何报送？

答：产业经济季报中“成品杂粮及杂粮粉”的产量为80吨；商品月报中“加工成品收回”的“谷子”为100吨（将80吨成品粮折算为原粮填报）。

（5）精炼食用植物油：企业通过精炼工艺生产的成品植物油数量，又分为精炼菜籽油、精炼花生油、精炼大豆油、精炼葵花油、精炼油茶籽油、精炼玉米油、精炼米糠油和精炼其他食用植物油。

企业通过压榨工艺生产的油脂，不在产业经济季报中反映。“精炼食用植物油”的产量和商品月报中“加工成品收回”的油脂数量没有逻辑关系。

例4－2－4 某油脂加工企业使用500吨大豆，通过压榨生产出90吨毛油。在产业经济季报中应如何报送？在商品月报中应如何报送？

答：产业经济季报中“精炼大豆油”的产量为0吨；商品月报中“加工成品收回”的“实际大豆油”为90吨。

例4－2－5 某油脂加工企业使用90吨毛油（大豆油），通过精炼生产出80吨成品大豆油。在产业经济季报中应如何报送？在商品月报中应如何报送？

答：产业经济季报中“精炼大豆油”的产量为80吨；商品月报中“加工成品收回”的“实际大豆油”为0吨。

例4-2-6　某油脂加工企业使用500吨大豆，通过压榨生产出90吨毛油，又通过精炼生产出80吨成品油。在产业经济季报中应如何报送？在商品月报中应如何报送？

答：产业经济季报中“精炼大豆油”的产量为80吨；商品月报中“加工成品收回”的“实际大豆油”为80吨（忽略中间环节，仅统计最终收回的成品油数量）。

（二）食品及副食酿造类指标

1. 主食产品

主食指的是以面粉、大米、玉米面/糁为主要原料的粮食性食品，以淀粉为主要成分，是碳水化合物的主要摄入源。主食包括馒头、挂面、鲜湿面、方便面、方便米饭、米粉（线）和速冻米面制食品等。

2. 制酒产品

指企业生产的酒（白酒、啤酒、黄酒等）。

3. 其他食品及酿造产品

指企业生产的饼干、糕点、豆制品（豆腐、豆浆等）、其他休闲食品以及各种调味品（酱油、醋、麻酱等）。

生产食品及副食酿造产品消耗的粮食、食用油和油料数量填报在商品月报中“食品及副食酿造用粮油”指标项下，不在产业经济季报中反映。

（三）饲料类指标

饲料产量指实际产出的饲料数量，不包含直接投喂动物的粮食数量。饲料包括配合饲料、预混合饲料、浓缩饲料和其他饲料。

生产饲料消耗的粮食、食用油和油料填报在商品月报中“饲料用粮”指标项下，不在产业经济季报中反映。

企业在成品粮油加工过程中，产出的麦麸、米糠等副产品作为饲料的，不计入饲料产量。

（四）粮食深加工产品类指标

粮食深加工产品包括商品淀粉、淀粉糖、多元醇、酒精、氨基酸、有机酸、其他发酵制品、大豆蛋白、谷朊粉、其他深加工产品。

二、产业经济统计季报实务要点

（一）原料消耗量与产品产量之间的关系

1. 食品及副食酿造用粮、制酒用粮与食品及副食酿造产品产量

商品月报中报送了“食品及副食酿造用粮”数量的，必须在产业经济季报中报送主食产品、其他食品及酿造产品产量；商品月报中未报送“食品及副食酿造用粮”数量的，不能在产业经济季报中报送主食产品、其他食品及酿造产品产量。

商品月报中报送了“制酒用粮”数量的，必须在产业经济季报中报送制酒产品产量。

2. 饲料用粮与饲料产量

商品月报中报送了“饲料用粮”数量的，必须在产业经济季报中报送饲料产量；商品月报中未报送“饲料用粮”数量的，不能在产业经济季报中报送饲料产量。

如果企业经营类型选择了“养殖企业”，那么在商品月报中报送了“饲料用粮”数量，产业经济季报中的饲料产量可以为零，视为直接用粮食喂养动物。

3. 淀粉用粮与商品淀粉产量

商品月报中报送了“淀粉用粮”数量的，必须在产业经济季报中报送商品淀粉产量；商品月报中未报送“淀粉用粮”数量的，不能在产业经济季报中报送商品淀粉产量。

4. 酒精用粮与酒精产量

商品月报中报送了“酒精用粮”数量的，必须在产业经济季报中报送

酒精产量；商品月报中未报送“酒精用粮”数量的，不能在产业经济季报中报送酒精产量。

5. 其他工业用粮与其他深加工产品产量

商品月报中报送了“其他工业用粮”数量的，必须在产业经济季报中至少报送淀粉糖、多元醇、氨基酸、有机酸、其他发酵制品、大豆蛋白、谷朊粉、其他深加工产品其中之一的产量。

如果企业生产的其他深加工产品不是以粮食为原材料，比如用蔗糖提取木糖醇，产量可以不在产业经济季报中反映。如地方粮食行政管理部门为了如实反映产品产量和产值之间的关系，要求企业填报此类产品产量，则不需要校验其他工业用粮的数量。因此，当其他深加工产品产量大于0时，企业的其他工业用粮可能等于0或为空。

设商品月报中的原料消耗量为条件，产业经济季报中的产量为结果，二者之间的对应关系如表4－2－1所示。

表4－2－1　产业经济季报各品种产量与原料消耗量关系

产业经济季报产量指标	商品月报原料消耗指标	充分且必要	充分不必要	必要不充分
		有原料消耗量则一定要有产量，有产量则一定要有原料消耗量	有原料消耗量则一定要有产量，有产量但不一定有原料消耗量	有原料消耗量但不一定有产量，有产量则一定要有原料消耗量
主食产品＋其他食品及酿造产品	食品及副食酿造用粮	√		
制酒产品	制酒用粮	√		
饲料：企业经营类型选择“养殖企业”	饲料用粮			√
饲料：企业经营类型未选择“养殖企业”	饲料用粮	√		
商品淀粉	淀粉用粮	√		
酒精	酒精用粮	√		

续　表

产业经济季报产量指标	商品月报原料消耗指标	充分且必要	充分不必要	必要不充分
		有原料消耗量则一定要有产量，有产量则一定要有原料消耗量	有原料消耗量则一定要有产量，有产量但不一定有原料消耗量	有原料消耗量但不一定有产量，有产量则一定要有原料消耗量
淀粉糖、多元醇、氨基酸、有机酸、其他发酵制品、大豆蛋白、谷朊粉、其他深加工产品	其他工业用粮		√	

（二）产量计算应遵循的原则

（1）产品质量标准：产品必须符合规定的质量标准或订货合同规定的技术条件，才可以做“产量”统计。产品质量标准一律按国家标准或部颁标准执行。

（2）统计时间：产量反映的是报告期内的工业生产成果，在报告期内生产的产品都应计算在内，即截至报告期最后一天检验合格并办理了入库手续的产品。其中规定要求包装的产品必须包装好才能计算其产量。

（3）下脚料出售：不应统计为产品产量。

（三）产业经济统计季（年）报与商品月（年）报报送的先后顺序

由于产业经济季（年）报和商品月（年）报之间存在诸多审核关系，因此必须按照先报送商品报表再报送产业经济报表的顺序进行，以商品报表为依据，校验产业经济报表的数据。在校验时，如果发现商品报表有误，需驳回修订商品报表。

4

第五章　粮油仓储设施统计

一、仓储设施统计的意义

粮油仓储设施是粮食流通的重要载体，是粮油仓储物流能力的硬件依托，是国家实施宏观调控、落实粮油购销调运任务的物质基础，是国家粮食安全的重要保障。粮油仓储设施统计是做好粮食仓储管理工作的基础，是反映企业现有仓储设施能力的重点工作。企业填报粮食企业仓储设施统计表的目的是如实反映企业现有库区、仓容、其他设施及储粮技术应用等情况，从而有助于企业管理人员对企业仓储设施情况进行全面了解。

近年来，国家有关部门加强粮食基础设施投资建设和维修改造、强化粮食仓储物流设施保护，国家粮食安全物质基础得到不断夯实。各地粮食行政管理部门和涉粮单位严格落实粮食流通统计制度，积极履行统计报送义务，全国粮油仓储设施基础数据不断丰富完善。当前，粮食行业信息化建设方兴未艾，储粮新技术、新工艺、新装备应用日益增多。利用信息化技术手段构建粮食仓储数据信息的动态监测和管理机制、加强对仓储设施的监督管理和科学利用既是行业所需，也是大势所趋。持续开展粮油仓储设施年度统计，全面、准确掌握粮油仓储设施基础数据及历史状况，不仅是服务粮食宏观调控、规划建设等的需要，也将为粮食行业信息化建设奠定基础，意义重大。

二、仓储设施统计的主要内容

（一）库区面积

库区是指企业自有或通过租赁等方式用于粮食收购、整理、储存等作业，有一定封闭措施，相对独立的粮油储存区域（企业为管理方便而人为地将连成一片的粮油储存区域划分为几个管理区的，不能作为独立的库区进行统计）。库区面积指统计时点各库区所占用的土地面积，包括仓房、地坪、办公、检验等设施占用的土地面积。

（二）标准仓房仓容

包括完好仓容、需大修仓容和待报废仓容，不包括简易仓容。

（1）完好仓容

1）计算方法

完好仓容是指符合《粮油储藏技术规范》相关要求的标准仓房的设计仓容，即能够安全储粮的标准仓房的设计装粮能力。

无法取得设计仓容的，按以下方法计算：

散装平房仓仓容 = 建筑面积 × 装粮高度 × 粮食密度① × 93%；

包装平房仓仓容 = 建筑面积 × 堆包高度 × 粮食密度 × 70%；

筒状粮仓仓容 = （3.14 × 内径半径^2 × 装粮高度 + 漏斗锥体体积） × 粮食密度。

2）按仓型划分

①平房仓：用于储存粮食且满足储粮功能要求的单层房式建筑物。

②浅圆仓：用于储存粮食且满足储粮功能要求，仓内直径一般在 20 米以上，仓壁高度与粮仓直径之比小于 1.5 的筒式建筑物。

③立筒仓：用于储存粮食且满足储粮功能要求的除浅圆仓之外的筒式建筑物。

④楼房仓：建筑与楼房相似的多层粮仓。

⑤其他仓型：除平房仓、浅圆仓、立筒仓、楼房仓以外的其他仓房类型，如地下仓、异形仓等。平房仓等其他仓型 2/3 储粮体积在地面以下

---

① 粮食密度统一按 750kg/m^3 计算。

的，按地下仓统计。

完好仓容的数量为上述 5 种仓型的仓容数量之和。

3）按建成时间划分：建成时间以仓房完成竣工验收时间为准。

（2）需大修仓容：不能满足安全储粮需要，必须进行仓房结构或 1/3 以上墙体、屋面、地面、门窗等维修后，才能装粮的仓房容量。

（3）待报废仓容：使用超过设计使用年限或仓房结构损坏不可逆转，已经不能安全储粮且没有维修价值、准备报废的仓房容量。

（三）简易仓容

指四壁简单围挡全封闭、安全储存粮食时间一般不超过 1 年的简易储粮设施。

提示

保温钢板平房仓属于简易仓。

简易仓不属于标准仓房，在完好仓容、需大修仓容以及待报废仓容里，均不统计简易仓容。储粮罩棚也不在简易仓容里反映。

（四）油罐

（1）油罐个数：油罐数量。

（2）油罐罐容：企业拥有的单罐罐容 1 吨以上的油罐罐容之和。单罐罐容按照设计容量或标定容量计算。如未进行标定或设计容量不详，按照以下公式计算：

1）圆柱体立式油罐容量 = 油罐底面积 × 油罐柱高 ×0.9 ×0.9。

2）卧式油罐、油槽、地下油罐等异型油罐，可按照安全储存的最大容量填写。

（五）主要附属设施

包括储粮罩棚、其他罩棚、地坪、烘干设施、铁路专用线有效长度、专用码头等。

（1）储粮罩棚：专门用于粮食储藏，配备有测温、通风等保粮技术条件，满足临时收纳和短期周转，可安全储粮的无墙身或无完整墙身的半封闭钢结构建筑物（含国家有关部门下达储粮罩棚建设计划后建设的储粮罩棚）。

（2）其他罩棚：无墙身或无完整墙身的棚状建筑物（非储粮用途，不包括储粮罩棚），包括铁路罩棚、仓间罩棚、货场罩棚、机械罩棚、其他罩棚等。

（3）地坪：企业储粮区内已进行混凝土硬化处理的场地，包括库区道路、晒场、仓间混凝土硬化地面等。地坪的数值应小于等于库区面积。

（4）烘干设施：技术性能良好的烘干设施或设备数量；烘干能力：指每日实际最大烘干能力。烘干设施与烘干能力需同时填报数据或同时为空，不能出现其中一项有数据而另一项无数据的情况。

（5）铁路专用线有效长度：产权归本企业所有，由企业自行或委托其他单位管理，主要为本企业粮油运输服务的铁路岔线，能够停放车辆进行装卸作业的长度。

（6）专用码头：产权归本企业所有，由企业自行或委托其他单位管理，主要为本企业粮油运输服务，且能够停放100吨及以上级别船舶的码头。

（7）粮食日出库能力：在正常情况下，企业24小时内能够完成出仓、装车、过磅、检斤且运出本企业的最大粮食数量。

（六）储粮技术应用

（1）应用环流熏蒸仓容：填写装备了符合《粮油储藏磷化氢环流熏

蒸装备》（GB/T 17913—2008）要求设备的仓房的设计仓容。

（2）应用粮情测控仓容：填写装备了符合《粮情测控系统》（LS/T 1203—2002）要求设备的仓房的设计仓容。

（3）应用机械通风仓容：填写装备了符合《储粮机械通风技术规程》（LS/T 1202—2002）要求设备的仓房的设计仓容。

（4）实现气调储粮仓容：填写符合《粮油储藏技术规范》（GB/T 29890—2013）8.3 气调储粮技术要求的仓房的设计仓容。

（5）实现低温准低温储粮仓容：填写符合《粮油储藏技术规范》（GB/T 29890—2013）8.1 低温与准低温储藏技术要求的仓房的设计仓容。

上述五种应用储粮技术的仓容，均应小于等于标准仓房仓容、简易仓容和储粮罩棚的仓容数量之和。

三、仓储设施统计实务要点

（1）仓容严禁重复统计。标准仓房仓容包括完好仓容、需大修仓容和待报废仓容三个指标，三者之间为并列关系，不得重复统计。

（2）严格区分简易仓和标准仓房统计口径。简易仓不属于标准仓房，完好仓容、需大修仓容、待报废仓容里均不包括简易仓容。钢结构散粮平房仓墙体、仓顶均为钢结构，属简易仓容。罩棚仓属于简易仓容。储粮罩棚是主要附属设施，不属简易仓容，不得将储粮罩棚混淆统计在简易仓容中。

（3）千吨囤、钢筋囤、露天垛等临时储粮形态不在统计报表中反映。

（4）对已报废但尚未拆除的仓房，或虽未报废但事实上已完全转作他用、不再储粮的仓房，均不进行统计，视同仓容完全灭失或退出行业用途。

（5）如某企业有多个库区且分布在不同行政区划下，应由企业统一向注册地粮食行政管理部门上报。

（6）关于租赁仓储设施的统计。租赁其他企业的仓储设施开展涉粮业务的，租期10年以上的，对资产实行托管，仓储设施报表由承租单位填报；租期10年以下的，由仓储设施产权单位向所在地粮食行政管理部门上报数据；如出租单位未纳入统计范围，或因其他原因无法履行统计上报义务的，由承租单位填报。

（7）仓储设施统计和期末库存数量之间的关系。如果企业年末粮食库存（商品库存与地方储备库存之和）大于0吨，而仓容数量未填报（标准仓房仓容、简易仓容和储粮罩棚之和）；或企业年末油脂库存（商品库存与地方储备库存之和）大于0吨，油罐罐容未填报，均须说明原因，如租借其他企业的仓房、委托其他企业代储等。

第六章 粮食流通基础设施建设投资统计

一、基础设施建设投资统计的意义

粮食流通基础设施建设投资统计是粮食仓储、物流等粮食流通基础设施建设管理工作的基础，是国家进行粮食宏观调控和基础设施建设的重要依据。做好粮食流通基础设施建设投资统计有利于全面、准确地掌握各地粮食流通基础设施建设项目情况，有利于把握下年度粮食流通基础设施建设投资方向，优化粮食流通基础设施建设布局，有利于督促各地加快粮食流通基础设施项目建设进度，规范项目管理。

二、基础设施建设投资统计的主要内容

（一）年度完成投资

1. 年度完成投资

年度完成投资指统计年度内实际支出的全部投资额。包括实际完成的建筑安装工程价值，设备、工具、器具的购置费，以及实际发生的其他费用。

2. 按项目类别分

（1）粮食仓储设施：主要包括仓房、油罐、接发设施、烘干机等生产设施；检化验室、罩棚等辅助生产设施；管理业务用房、食堂等管理及生活设施；库区内的道路、堆场、晒场等室外工程；等等。

（2）粮食物流设施：主要包括中转库、接发设施（含铁路专用线、站台、码头）、运输工具等。

（3）信息化建设：具体分为省级粮食管理平台、粮库智能化升级改造、粮食交易中心和现货批发市场电子商务信息一体化平台建设、重点粮

食加工企业信息化改造、粮食应急配送中心信息化建设。

（4）危仓老库维修改造：对具有维修价值的“危仓老库”进行维修改造的项目，包括一般维修、大修改造和功能提升（包括维修改造油罐）。具有维修价值是指维修后可以满足安全储粮条件或能更有效地保障粮食质量安全。另外，对20世纪70年代以前建设的达到报废年限的仓房原则上不再维修。一般维修主要是对仓房的局部问题进行简单维修，包括粮仓地面、屋顶、墙体及门窗、地坪的维修；大修改造主要是对粮食仓房进行防雨防潮、保温隔热的更新改造；功能提升主要是配置先进适用的仓储作业设备（清理、装卸、输送等设备），提升粮情检测、机械通风、环流熏蒸等功能。

3. 按投资来源分

（1）中央财政：统计年度内项目建设所用的各类中央财政拨款的总和。

（2）地方财政：统计年度内项目建设所用的各类省、市、县级财政拨款的总和。

（3）利用外资：统计年度内项目建设所用包括统借统还、自借自还的国外贷款，中外合资项目中的外资，以及对外发行债券和股票等的总和。

（4）其他投资：统计年度内项目建设所用的除以上各种资金之外其他所有资金的总和。

（二）年度仓储设施建设规模

（1）新建成标准仓容（罐容）：在统计年度内竣工验收后新增加仓房（油罐）规模。按照《粮油储藏技术规范》相关要求的标准设计建成的仓容（罐容），即能够安全储粮（油）的标准仓房（油罐）的设计装粮（油）能力。

（2）在建标准仓房仓容：在统计年度末尚未建成的仓房仓容，不包括当年新建成的仓容。

（3）维修改造仓房仓容：进行过一般维修、大修改造或功能提升（包括粮情检测、环流熏蒸、机械通风）等的仓房容量。计算仓容总数时，应剔除重复计算的部分。

（三）年度建设完成粮食信息化项目

（1）粮库智能化升级改造：主要是利用现代信息技术，对仓储设施进行智能化升级改造，提升储粮管理标准化、现代化、科学化、规范化水平。分为收纳库系统、储备库系统、示范库系统。

1）收纳库系统：一般指包含粮食出入库、收购资金结算、统计报表等基本功能的信息系统。该系统功能要简单，操作要方便，建设运维成本要低廉，主要是满足粮库日常经营的基本需求，可扩大实施覆盖面。

2）储备库系统：在收纳库系统功能基础上，增加储备粮管理与仓储管理等模块的信息系统，是粮库智能化升级改造的重点，力争逐步做到储备粮承储企业全覆盖。

3）示范库系统：应用自动控制、物联网、智能仓储、数量监测、电子商务、BI（商业智能）等新技术，可实现企业经营决策、作业流程控制、资源管理利用等功能，进行全面信息化管理的信息系统。

（2）现货批发市场信息化建设：现货批发市场为实现与国家平台联网运行的信息化建设。

（3）重点粮食加工企业信息化改造：对重点粮食加工企业的原粮出入库、库存管理和成品粮应急管理信息系统等进行改造建设。

（4）粮食应急配送中心信息化建设：粮食应急配送中心为实现出入库管理、作业调度、自动盘库、客户合同、物流配送（含车辆调度、路线优化）以及安防监控等功能而进行的信息化建设。

三、基础设施建设投资统计实务要点

（1）区分粮食仓储设施和粮食物流设施内涵，避免错填。粮食仓储设施主要包括生产设施、辅助生产设施、生活设施、室外工程等。粮食物流设施主要包括中转库、接发设施、运输工具等，就是散装、散运、散卸、散存“四散化”。

（2）理解智能化三类系统概念。收纳库系统、储备库系统、示范库系统是信息系统的概念，指具备特定功能的信息系统，在功能上有所差别，与依托建设信息系统的仓型无关。因此，不能将三类系统理解为仓库仓型。

第七章　粮食从业人员统计

一、从业人员统计的意义

粮食行业机构、从业人员及职工教育培训统计工作是深入实施人才兴粮工程、做好粮食行业人才队伍建设的一项重要基础性工作，可以全面、真实、准确、及时地反映粮食行业从业人员情况，有利于从宏观上整体把握粮食行业实际，为行业发展服务，对于政策的出台有重要的参考意义；有利于从微观上具体分析每个省市地区的状况，更有针对性地发展当地粮食事业，有针对性地进行培养、选拔人才；有利于从时间纵向上对比每年的差异，通过分析其原因，更好地了解当前粮食行业人才发展形势，制定长期人才发展规划。

二、从业人员统计的主要内容

（一）从业人员总数

指报告期的最后一天，在各级国家机关、政党机关、社会团体及企业、事业单位中工作，取得工资或其他形式的劳动报酬的全部人员。从业人员总数包括在岗职工、再就业的离退休人员、民办教师以及在各单位中工作的外方人员和港澳台方人员、兼职人员、借用的外单位人员和第二职业者；不包括离开本单位仍保留劳动关系的职工。

主营业务为粮油经营加工的企业，从业人员全部纳入统计。主营业务不是粮油经营加工的企业，要按照企业的管理单位区别处理。由粮食行政管理部门管理的酒店、学校、医疗机构等，从业人员全部纳入统计；自主经营的超市等，仅统计粮油购销人员，负责购销其他品类物品的工作人员和管理人员不纳入统计范围。

例7-1-1 某大型超市有员工200人，其中管理人员30人，粮食货品货架工作人员5人，食用油货架工作人员2人，该企业在填报从业人员统计年报时，从业人员总数是多少人？

答：仅统计粮油品类的工作人员，从业人员总数为7人（5人+2人）。

从业人员总数等于在岗职工与其他从业人员之和。

1）在岗职工：在本单位工作并由单位支付工资的人员，以及有工作岗位，但由于学习、挂职、病伤产假（六个月以内）等原因暂未工作，仍由单位支付工资的人员。

在岗职工又分为长期职工和临时职工。

①长期职工：用工期限在一年以上（含一年）的在岗职工。当年新分配的大中专技校毕业生虽在当年用工期限不满一年，但应视为长期职工。

②临时职工：用工期限在一年以内的在岗职工，包括签订一年以内的劳动合同或使用期不超过一年的临时性、季节性用工，如临时招用的清洁工、司炉工等。

2）其他从业人员：劳动统计制度规定不做在岗职工统计，但实际参加本单位工作并取得劳动报酬的人员。包括聘用和留用的离退休人员，聘用的外籍人员和港、澳、台方人员，领取补贴的人员（指主要由街道、胡同临时安排到单位劳动锻炼的待业青年和犯了错误开除公职留用察看的人员），兼职人员和从事第二职业者。不包括领取报酬的在校学生、使用外单位的离岗职工。

例7-1-2 某粮食企业现有在岗工作人员50人，其中新到岗的大学毕业生6人，签订半年合同的临时工2人。在50人以外，企业还有外出学习（4个月）人员4人，请病假（3个月）1人，退休后返聘1人，另有10名在校学生被招募作为一次活动的兼职人员。则从业人员总数为多少人？在岗职工、长期职工、临时职工、其他从业人员分别为多少人？

答：从业人员总数为56人，在50人之外再加外出学习的4人、请病假的1人、返聘的1人；不含招募的10名在校学生。

在岗职工为55人，与从业人员总数相比，不含返聘的1人。

长期职工为53人，去掉在岗职工中的临时工2人。

临时职工2人。

其他从业人员1人，指返聘的1人。

（二）从业人员基本属性

（1）女性职工：从业人员总数中女性职工的总数。

（2）少数民族职工：从业人员总数中少数民族职工的总数。

（3）中共党员：从业人员总数中中国共产党党员的总数，包括预备党员以及党组织关系不在本单位但计入本单位从业人员总数的党员。

上述3种人员数量均需小于等于从业人员总数。

例7－1－3 李××同志为某市粮食局的公务员，同时也是中共党员，因业务能力出色，被借调到省粮食局工作一年，党组织关系转到省粮食局。该同志应计入哪个单位的从业人员数以及中共党员人数？

答：应计入市粮食局的从业人员总数，同时计入市粮食局的中共党员人数。

（三）从业人员的划分

对从业人员的划分有按学历、年龄和人员类别三种方式，均为对“长期职工”的划分，“临时职工”和“其他从业人员”不纳入分类。

1. 长期职工按学历划分

学历是指在教育机构中接受科学文化知识训练的学习经历，有国家认可的毕业证书，含全日制教育和在职教育。参加各种课程进修班学习获结业证书的，不作为学历依据。

（1）研究生：获得研究生学历的人员数，包括博士研究生、硕士研究生和党校研究生。

（2）大学本科：获得大学本科学历的人员数。

（3）大学专科：获得大学专科学历的人员数。

（4）中专：获得中专学历的人员数。

（5）高中及以下：获得高中及以下学历的人员数，包括没有任何学历的人员。

按学历划分的人数之和应等于长期职工总数。

2. 长期职工按年龄划分

长期职工按年龄划分为35岁及以下、36~45岁、46~54岁、55岁及以上4类，按年龄划分的人数之和应等于长期职工总数。

3. 长期职工按人员类别划分

（1）公务员：依法履行公职、纳入国家行政编制、由国家财政负担工资福利的工作人员。

（2）事业单位管理人员：在事业单位从事管理业务的人员。

（3）企业经营管理人员：具体从事经营管理活动的人员，包括各级经理人以及具体从事规划计划、人力资源管理、市场营销、资本运营、财务审计、生产管理、法律事务、质量安全环保、行政管理等业务工作的人员。

（4）专业技术人员：在企事业单位中从事专业技术工作的人员和具有专业技术职务（职称）从事专业技术管理工作的人员。

专业技术人员分为高级职称、中级职称、初级及以下职称。具有正高级职称人数单独体现，为高级职称的其中数。

（5）工人：企事业单位中的工人总数。

技术工人：具有一定的专业知识，掌握一定的工艺和技术，能够独立使用工具、设备进行操作或生产加工的熟练工人，分为初级工、中级工、高级工、技师、高级技师五个等级。

公务员、事业单位管理人员、企业经营管理人员、专业技术人员和工人人数之和应等于长期职工总数，各分类之间是并列关系，没有交叉。

（四）本单位举办培训班情况

（1）办班次数：本单位在本年度举办培训时间连续3天以上的培训班的总次数。

（2）培训人次：参与本单位本年度举办的培训班的总人次①。培训人次与职工人数没有必然的联系，一是因为培训班培训人员不仅限于本单位职工，其他参加培训班人员也纳入统计；二是因为本单位职工当年可能未参加本单位培训班，也可能参加了多次培训班。

（五）本单位职工参加本单位及外单位培训人次

指本单位职工参加培训的总人次，不限于参加本单位举办的培训，还包括参加外单位外系统的培训，如党校、行政学院培训及学历学位教育培训等。

参加统计培训人次：指本单位参加统计培训的总人次。

（六）粮食和物资储备局（粮食局）现状

（1）粮食和物资储备局（粮食局）现状：

1）独立的粮食局：有独立的人事权和财务权，是本级人民政府的组成部门或直属机构。

2）被代管的粮食和物资储备局（粮食局）：有独立的人事权和财务权，归属本级人民政府下某委（办、局、厅）管理，如发展和改革委员会代管局、商务委员会代管局等。

3）被合并但保留粮食和物资储备局（粮食局）牌子：没有独立的人事权和财务权，但保留粮食行政管理部门的牌子和公章，或合并后单位名称包含“粮食”字样，如“××县商务粮食局”。

4）被合并且无粮食和物资储备局（粮食局）牌子：没有独立的人事权和财务权，也没有保留粮食行政管理部门的牌子和公章。

---

① 每人参加1次培训，计为1人次。如3人参加同一次培训，计为3人次。

5）企业代行粮食和物资储备局（粮食局）职责：粮食行政管理部门的职责由企业代为行使，不再设立行政单位。

（2）被合并（代管）部门：①发展和改革委员会（局）；②农业局（农委）；③商务（经济/经贸）局；④其他。按实际情况选择。

（3）被合并（代管）的部门全称：填写被合并（代管）的部门全称，如××省商务委员会。

三、从业人员统计实务要点

（一）“虚拟填报单位”的设定

1. 虚拟填报单位的定义

指在“国家粮油统计信息系统”中为填报某类报表而专门设置的、事实上并不存在的单位，或者出于特殊原因重复设置的、人员数据已反映在其他入统单位下的单位。在粮食从业人员统计年报表中，第一行“是否虚拟填报单位”选择“是”的，即为虚拟填报单位。选择“否”以及未做选择、该项为空值的，均不是虚拟填报单位。

以下几种情况应设为虚拟填报单位：

（1）为报送流通、仓储等报表而设置的企业，其本身是事业单位的。

如“红领巾军粮供应站”的单位类型为“县级粮食局下属事业单位”，单位性质为“参公管理事业单位”。该军供站有仓储设施，需要填报仓储报表，而事业单位无法填报仓储报表，所以需要在系统中建立一个名为“红领巾军粮供应站（仓储）”的单位，单位类型设为“企业”，用来报送仓储报表。在这种情况下，需要将“红领巾军粮供应站（仓储）”设为“虚拟填报单位”，人事报表空表上报，实际从业人数填报在事业单位“红领巾军粮供应站”的报表中。

（2）代储企业，其本身在其他行政区划下的。

如北京市粮食公司的部分粮食存放在河北省第一粮库中，为准确反映这笔粮食的数量，该公司建立了下级单位，命名为“河北省第一粮库（代储）”。在这种情况下，需要将“河北省第一粮库（代储）”设为“虚拟填报单位”，人事报表空表上报，实际从业人数填报在河北省下辖的“河北省第一粮库”的报表中。

2. 虚拟填报单位的作用

由于粮食从业人员的入统范围为所有单位，且不允许空表上报（“从业人员总数”必须大于等于0），所以对于事实上并不存在的或重复设置的单位，应将其设为“虚拟填报单位”且空表上报（虚拟填报单位的“从业人员总数”必须等于0或为空值），避免数据重复统计。

3. 虚拟填报单位的维护

“是否虚拟填报单位”由国家粮食和物资储备局统一维护，各级粮食行政管理部门均无修改权限。省级粮食行政管理部门应于每年的年报开始填报前，将辖区内虚拟填报单位的名单报送国家粮食和物资储备局，并逐一备注情况说明。严禁因数据收集困难、企业拒报等原因，为完成报表任务，将不是“虚拟填报单位”的设为“虚拟填报单位”。

（二）“双肩挑”人员

实行聘用制管理的按其所聘岗位填报，如某粮库主任既是单位领导又承担高级工程师的工作，但此人受聘主任一职即统计为企业管理人员；没有实行聘用制的，按其承担的主要职责填报。

（三）机构改革中的粮食行政管理部门人员

随着新一轮行政机构改革，一些粮食行政管理部门机构撤并，或与物资储备局合并，或归并发展和改革局，或组成商务粮食局等，这类单位的填报范围包括所有本单位的人员。如果报送时点正值机构改革进行中，无法掌握改革后的确切人数，可暂时按改革前的人数填报。

7

第八章 粮油科技基本情况统计

一、粮油科技统计的意义

粮油科技统计是掌握粮食行业创新投入、产出及转化实际情况的有效方式，能够科学评估科技创新对粮食行业发展的促进作用，为制定粮食行业科技创新发展政策、指导科研机构科学发展、提升粮食科技管理水平提供有效的数据支撑。

二、粮油科技统计的主要内容

粮油科技统计以科研项目为基本填报单元，而不是以单位为基本填报单元。同一单位在年度内可报送多个科研项目，须逐一填报每个科研项目的各项指标数据。

（一）项目基本信息

（1）项目编号：由系统自动生成，是项目的标识，与实际立项时的项目编号无关。

（2）项目名称：报有关部门批准立项项目的名称。

（3）项目负责人：项目牵头人和管理者。

（4）项目类别：包括重点研发计划、国家科技支撑计划、公益专项、863 项目、973 项目、农转项目、国家国际科技合作专项、国家自然科学基金项目、院所开发专项、高技术产业化项目、地方科技项目、单位自主开发、横向委托研究、其他 14 类。

1）国家科技支撑计划：贯彻落实《国家中长期科学和技术发展规划纲要（2006—2020 年）》，主要面向国民经济和社会发展需求，重点解决经济社会发展中的重大科技问题，集成全国优势科技资源进行统筹部署，为国民经济和社会发展提供有效支撑，在原国家科技攻关计划的基础上设立。

2）863 项目：1986 年 3 月，邓小平同志在王大珩、王淦昌、杨嘉墀和陈芳允四位科学家提出的“关于跟踪研究外国战略性高技术发展的建议”和朱光亚极力倡导下，做出“此事宜速作决断，不可拖延”的重要批示。党中央、国务院果断决策，于 1986 年 3 月启动实施了“高技术研究发展计划（863 计划）”，旨在提高我国自主创新能力，以前沿技术研究发展为重点，统筹部署高技术的集成应用和产业化示范，充分发挥高技术引领未来发展的先导作用。

3）973 项目：1997 年，中国政府采纳科学家的建议，决定制定国家重点基础研究发展规划，是具有明确国家目标、对国家的发展和科学技术的进步具有全局性和带动性的基础研究发展计划，旨在解决国家战略需求中的重大科学问题，以及对人类认识世界将会起到重要作用的科学前沿问题，提升我国基础研究自主创新能力，为国民经济和社会可持续发展提供科学基础，为未来高新技术的形成提供源头创新。

4）国家国际科技合作专项：中国政府于 2001 年在国家层面设立的，旨在通过统筹、整合中国产学研的科技力量广泛、深入地开展国际科技合作与交流，有效利用全球科技资源，提高科技创新能力，共同推进全人类科技进步的科技计划。

（5）项目技术领域：包括储藏、加工、粮食物流、检测及质量安全、粮食宏观调控及信息化、粮油食品营养、其他 7 个。

1）储藏类项目：绿色储粮技术研究，储藏环节的节约减损研究，环保、生态、智能储粮技术等。

2）加工类项目：粮油精深加工，全谷物加工研发、粮食食品营养健康研究，基因工程、生物发酵、挤压膨化、微胶囊、超微粉碎、超临界萃取、冷冻干燥、膜分离、物性修饰等。

3）检测及质量安全类项目：粮食化学性污染检测，粮油食品中染色剂、改良剂、抗氧化剂等添加剂的检测，以及重金属污染稻谷的监测等。

(6) 项目批复部门及来源：包括科技部、国家发展和改革委员会(以下简称“国家发改委”)、财政部、国家粮食和物资储备局、国家自然科学基金委员会、农业农村部、地方财政、其他8个。

(7) 项目起始时间和结束时间：起始时间指课题正式下达任务或签订合同的时间，如果两者不一致，则填写签订合同的时间。结题时间指课题通过鉴定或验收的时间，如果课题至年底仍在继续进行，则填写预计结题时间。

(二) 投资基本情况

(1) 国家财政总预算：本课题立项时，在项目合同书上或课题计划上所确定的国拨资金总额，分科技部、国家发改委、农业农村部、国家自然科学基金委员会和其他部门填报。

(2) 当年国家财政拨款：统计年度国拨资金数额，分科技部、国家发改委、农业农村部、国家自然科学基金委员会和其他部门填报。

(3) 地方财政拨款：地方政府或政府所属部门拨付的财政性质经费，地方立项项目也填写此项。

(4) 单位自筹/接受委托：单位在项目实施中自行筹措的资金或者接受其他单位委托开展科研工作的科研投入费用。

(5) 其他：不属于国家财政拨款、地方财政拨款、单位自筹/接受委托的其他资金。

(三) 科研成果基本情况

(1) 专利：年度由国内外知识产权行政部门向调查单位授予专利权的知识产权。

(2) 论文：年度内发表的论文篇数。

1) SCI收录：当年论文被SCI期刊收录的篇数。SCI指《科学引文索引》(*Science Citation Index*)，1957年由美国科学信息研究所(Institute for

（二）厘清财政预算和拨款填报口径

（1）国家财政总预算仅在立项的第一年统计，在执行期内第二年及以后年度不再纳入统计。

（2）当年国家财政拨款指当年中央财政拨付的科研经费数额，按每年实际下拨金额报送。

（三）准确区分新型专利与发明专利

（1）实用新型专利只限于具有一定形状的产品，不能是一种方法，也不能是没有固定形状的产品。

（2）实用新型专利的创造性要求不高，而实用性较强。

（3）实用新型专利的保护期（10 年）短于发明专利的保护期（20 年）。

（4）实用新型专利的审批过程比发明专利短，它的实质审查过程是通过市场进行检验的。

（四）明确成果类型统计

（1）应统计正式授权的专利、已收录的论文、有关机构批准的标准、正式出版的著作、经专业机构评价或鉴定的新产品、新技术、新工艺。

（2）严格区分国家级和省部级奖励。国家级奖项仅指国家最高科学技术奖、国家自然科学奖、国家技术发明奖、国家科学技术进步奖、中华人民共和国国际科学技术合作奖。国家最高科学技术奖由国家主席签署并颁发证书，其他四项均由国务院颁发证书，获奖极难①，荣誉极高。不要错误理解为“凡是国家单位颁发的奖项就是国家级奖项”，国务院各部、委、局颁发的奖项，仅为省部级奖励。挂“中国”“中华”“全国”牌子的各协会、联合会等颁发的奖项，要根据具体颁奖单位判断是否为省部级奖励。

---

① 部分获奖人员名单：李四光、华罗庚、钱学森、陈景润、梁思成、王淦昌、袁隆平等。

第九章　粮食市场监测

第一节 粮食市场监测的内容

为全面掌握粮食价格的变动情况，国家粮食和物资储备局制定了《粮食市场监测方案》。粮食市场监测主要包括以下内容：原粮价格监测、成品粮油价格监测和粮食深加工产品价格监测。

一、原粮价格监测

监测的主要粮食品种包括：小麦、玉米、早籼稻、中晚籼稻、粳稻、国产大豆、进口大豆、油菜籽。具体监测价格种类包括：

（1）原粮收购价格：粮食经营企业直接向粮食生产者或者粮食经纪人批量购买粮食的到库价格或送到其他固定存放场所的车板价格。

（2）原粮进厂价格：企业购进粮油原料时的入库粮油价格，包括支付给卖方的全部粮油货款费用。一般就是粮食运进厂内的进厂成本，含运输费和税款，但是不含烘干费等其他费用。

（3）进口粮食完税价格：进口粮食到达我国港口缴纳各种税费后的理论价格（不含进口增值税）。

二、成品粮油价格监测

监测品种主要包括：小麦粉、早籼米、中晚籼米、粳米、大豆油、菜籽油、花生油、调和油等成品粮油。主要副产品包括：麦麸、米糠、豆饼和豆粕、菜饼和菜粕。具体监测价格包括：

（1）成品粮油及副产品出厂价格：成品粮油加工企业销售出厂的交货价格，不含装车费用和包装费用。

（2）成品粮油批发价格：现货粮食批发市场内粮油批发商批量出售粮油的价格。

（3）成品粮油零售价格：集市、农贸市场、超市粮油正常销售的价格（促销、打折价格按原价采集）。

三、粮食深加工产品价格监测

粮食深加工产品的监测品种主要包括：酒精、淀粉、DDGS（干酒糟及其可溶物）等。

粮食深加工产品出厂价格：粮食深加工企业销售出厂的交货价格，不含装车费用和包装费用。

第二节　粮食市场监测统计实务要点

一、监测周期

价格监测目前实行周报制度。正常情况下，每周一各监测点按指定的监测价格类型和品种采集本监测点自上一监测日以来最近一日的价格，并于当日 24 时之前通过国家粮食和物资储备局“国家粮油统计信息系统”报送。各级粮食行政管理部门要在各监测点上报价格后及时做好逐级审核工作，确保每周二中午 12 时之前各省级粮食行政管理部门审核完毕，上报国家粮食和物资储备局。

价格异常波动或集中收购期间，各省可根据国家和省粮食应急预案要求随时启动日报告制度。日报具体起止时间根据具体通知执行。

二、工作要求

（一）采价要求

（1）确保价格采集的代表性。选择粮食经营量较大的收储企业和规模较大的加工转化企业，确保价格监测点的价格可以反映区域价格情况。

（2）确保价格采集的连续性。如本监测点上一监测日至本监测日期间没有发生交易，应采集填报周边（本地市范围内）其他企业的平均价格，确保辖区内价格采集的连续性。如本监测点和周边企业均没有发生交易，可以填报“无业务”。

（3）确保价格采集的准确性。各监测点要如实上报价格情况，各级粮食行政管理部门要逐级把关审核，切实做到上报价格与市场成交价格一致，确保价格监测准确。

（二）采价标准

（1）原粮采价标准：为保证采集的价格能够反映市场变化趋势，具备可比性，同一监测点采集的粮食品种、等级必须固定，且等级一旦确定则不能改变。原粮要采集常规品种、标准水分，不能代表大众消费的粮食品种不在采价范围。

（2）成品粮油采价标准：应根据当地消费习惯，采集销量较大的常规米面油品种，等级一般为1～2级，且等级确定后不能随便改变。品牌原则上要固定、统一，如因缺货等原因更换了监测品牌，要在备注中说明。价格过高、不能代表大众消费的产品不采价。

（三）计量单位

原粮的收购、进厂、出厂计量单位为元/吨，成品粮油批发、零售价格计量单位为元/公斤、元/5L。各级粮食部门应逐一审核监测点报送的数据，检查逻辑性，避免出现计量单位错误等低级错误。

三、异常审核

（一）原粮价格异常波动

当原粮价格波动超过5%的时候，要注意审核：

（1）本期与上期价格是否出自同一品种、同一等级。

（2）本期价格是否常规品种、标准水分。

（3）上期价格是否有误。如确定无误，需简要说明价格波动原因，并填写到“备注”一栏。

（二）成品粮价格异常波动

当成品粮价格波动超过10%的时候，要注意审核：

（1）本期与上期价格是否出自同一品牌。

（2）本期价格是否误用了促销打折价格。

（3）上期价格是否有误。如确定无误，需简要说明价格波动原因，并填写到“备注”一栏。

第十章　社会粮油供需平衡调查

第一节 社会粮油供需平衡调查概述

一、社会粮油供需平衡调查的目的

社会粮食和食用植物油供需平衡调查是为了全面掌握社会粮油供给、消费和库存等情况，综合分析供需形势趋势，为政府宏观调控提供全面、可靠的决策依据，确保国家粮油安全。

一是掌握供需数量。开展城乡居民固定户调查，走访粮油购销企业、深加工企业，函询统计、农业、铁路、海关等部门，结合商品流通、地方储备、中央储备和政策性粮油等统计报表，整理、推算粮油产量、商品量、进出口、省间购销、口粮（油）、饲料、工业消费和库存等数据。

二是分析供需形势。根据调查推算结果，结合粮油生产、购销、人口增减、加工企业生产库存、市场价格等情况，做横向、纵向对比，研究分析社会粮油供需特点及发展趋势，查找存在的薄弱环节和问题。

三是提供决策参考。依据粮油供需形势分析，结合国内国外市场环境，有针对性开展调研，提出实施调控、确保粮油供应的政策建议。

二、社会粮油供需平衡调查的内容

（一）农村居民粮油收支平衡调查

通过抽样调查的方式，调查农村居民的粮油产量、购买量、出售量、口粮（油）消费量、饲料用粮量、种子用粮量和家庭存粮（油）量等。

（二）城镇居民粮油收支平衡调查

通过抽样调查的方式，调查城镇居民的粮油购买量、口粮（油）消费量和家庭存粮（油）量等。

（三）涉粮企业粮油收支平衡调查

通过全面统计报表的方式获取数据，不再单独进行调查。

（四）涉粮企业省际间粮食流向情况调查

通过全面统计报表的方式获取数据，不再单独进行调查。

省级粮食行政管理部门需将调查取得的数据，按照科学的推算方法，推算出全省粮油供需平衡调查表。市、县级粮食行政管理部门仅对城乡居民户进行抽样调查，填报基础调查表即可，不需要推算各市、县的供需平衡表。

第二节　农村居民户粮油收支平衡调查

一、农村居民户抽样方法

农村居民户的抽样分为三个阶段，分别由国家粮食和物资储备局、省级粮食行政管理部门和县级粮食行政管理部门负责实施。

（一）国家粮食和物资储备局负责阶段

1. 对县级行政区划进行分层

（1）测算全国各县级行政区划农村人口的人均粮食产量，设为K。

（2）以省（区、市）为单位，将各省（区、市）所辖县级行政区划按 K 值从小到大排序。

（3）分析 K 的数值大小差异，如两个县之间出现明显断层，则该断层处为分层点；如 K 值呈现较均匀、连续的上升，则以等距法设置分层点。确保每个省（区、市）分为 3 ~ 5 层，每层不少于 5 个县。

2. 测算各层需调查的样本数

（1）根据国家统计局人口统计数据，计算全国需调查的农村居民户样本数，设为 N 。

（2）按各省农村人口占全国乡村人口的比例，计算各省需调查的农村居民户样本数，设为 N_p 。

$$N_p = \frac{\text{该省农村人口数}}{\text{全国农村人口数}} \times N$$

（3）按各层农村人口占全省农村人口的比例，计算各层需调查的农村居民户样本数，设为 N_l 。

$$N_l = \frac{\text{该层农村人口数}}{\text{全省农村人口数}} \times N_p$$

北京、天津、上海、重庆 4 个直辖市由于县级行政区划数量较少，不再进行分层，可将所有有农村居民户的县视为一层。

（二）省级粮食行政管理部门负责阶段

（1）在每一层中，按简单随机抽样的办法，抽取不少于1/3 的县级行政区划，作为调查县。

（2）将各层样本数 N_l 分解到各调查县，测算每个调查县需调查的样本数，设为 n。

在某一层中抽取了 5 个调查县，设各县乡村人口分别为 P_1 、$P_2 \cdots P_5$ ，则各调查县的样本数 n_1 、$n_2 \cdots n_5$ 分别为：

$$n_1 = \frac{P_1}{P_1 + P_2 + P_3 + P_4 + P_5} \times N_l$$

$$n_2 = \frac{P_2}{P_1 + P_2 + P_3 + P_4 + P_5} \times N_l$$

$$\vdots$$

$$n_5 = \frac{P_5}{P_1 + P_2 + P_3 + P_4 + P_5} \times N_l$$

（三）县级粮食行政管理部门负责阶段

（1）测算各乡镇农村人口人均粮食产量，设为 T_1、$T_2 \cdots T_n$，将其按照从小到大排序。

（2）按等距抽样方法抽取至少3个乡镇。

1）设抽取的乡镇数为 n，计算抽样间距 S：

$$S = \frac{\text{该县乡镇个数}}{n}$$

如某县共10个乡镇，拟抽取其中3个，则抽样间距：

$$S = 10 \div 3 \approx 3$$

2）选择等距抽样的起始点：在 $T_1 \sim T_n$ 中，按简单随机抽样的原则，选取一个值作为起始点，设为 T_a。

3）抽取 T_a、$T_{a \pm S}$、$T_{a \pm 2S}$……为样本。

如在10个乡镇中，随机选取第8个为起始点，则抽取的样本可以为 T_8、T_1、T_4 或 T_8、T_5、T_2。

（3）抽取调查村：在每个调查乡镇中按简单随机抽样方法，抽取3个村。

（4）抽取调查户：在每个调查村中按简单随机抽样方法，抽取调查户。具体每个村调查户数的分布，可根据实际情况灵活掌握。

二、农村居民户粮油收支台账

被抽取的调查户作为农村居民固定调查点，县级粮食行政管理部门的调查员要挨家入户登记，记录户主姓名、常住人口①等基础信息，在“国家粮油统计信息系统”中建立固定调查点，同时向调查户发放《农村居民户粮油收支台账》。为确保数据质量，固定调查点一旦建立，不可随意更换。

《农村居民户粮油收支台账》包括4张表。

（一）农村居民户粮油产量和库存情况表

此表由调查员入户走访填报，每年填报一张表。调查员每年至少2次向调查户了解家庭存粮情况，分别在4月末和年末。在当地主要粮食品种的集中收获期，还要向调查户了解当年粮食产量。

（二）农村居民户粮食（食用植物油）购销台账

此表由调查户负责记录，需要按实际发生的粮油品种填报，如“面粉”“粳米”“玉米面”“花生油”等。如无法精确区分籼、粳米，可按“本地米”“东北米”或当地约定俗成的其他名称记录，由调查员在填报农村居民户基础调查表时按规范的粮油品种分类。

表中的收支内容按实际发生的时间、品种和数量记录，发生一次，记录一次。“其他收入”主要指的是接受赠予，“其他支出”指赠予他人、因灾损失等（见表10－2－1）。

表10－2－1　农村居民户粮油购销台账填报示例　　单位：市斤

序号	日期		品种	收入		支出	
	月	日		购买量	其他收入	出售量	其他支出
1	1	2	绿豆	2			
2	2	10	小麦			1600	

① 常住人口指全年经常在家或在家居住6个月以上的人口。现役军人、中专及以上（走读生除外）的在校学生、常年在外且已有稳定的职业与居住场所的外出从业人员，不应算作家庭常住人口。

续 表

序号	日期		品种	收入		支出	
	月	日		购买量	其他收入	出售量	其他支出
3	2	13	东北米	100			
4	3	20	小米		20		
…			…				

（三）农村居民户粮油消费台账

此表分为“口粮（油）消费”“饲料用粮”“种子用粮”三部分。

（1）口粮（油）消费：记录家庭直接口粮（油）消费的数量，每个月记录一次总量即可。

（2）饲料用粮：记录家庭直接用于喂养动物的粮食数量，不包含口粮损耗中的数量（指用剩菜饭喂养动物的情况），每个月记录一次总量即可。

（3）种子用粮：每年记录一次总量。

（四）农村居民户在外就餐、购买熟食（含半成品）台账

按在外就餐、购买熟食（含半成品）可满足居民户消费的人次记录，每月记录一次总数，含在单位（学校）食堂就餐次数。

例 10－2－1　某农村居民户家庭人口 4 人，其中丈夫在镇上工厂打工，每天中午在工厂用餐；妻子在家务农；长子在外省读大学，寒暑假回家；次子在县城读初中，平时住校，周末回家。如没有其他在外就餐、购买熟食（含半成品）情况，每个月的在外就餐人次如何计算？

答：排除非常住人口（在外省读大学的长子）。丈夫在外就餐：1 人 ×22 天（每月 22 个工作日）×1 餐（仅午餐）＝22 人次。次子在外就餐：1 人 ×22 天 ×3 餐＝66 人次。当月在外就餐人次＝22＋66＝88（人次）。

三、农村居民户基础调查表

农村居民户基础调查表根据《农村居民户粮油收支台账》生成。每年年初，调查员收回调查户记录的上一年《农村居民户粮油收支台账》后，根据台账在“国家粮油统计信息系统”中逐户填报基础调查表。

填报基础调查表时，要注意单位换算。《农村居民户粮油收支台账》的计量单位为“市斤”，在填报基础调查表时要换算为“公斤”。

（一）基础调查表填制方法

（1）以“农村居民户粮油产量和库存情况表”中的年初库存作为基础调查表的期初库存，以年末库存作为基础调查表的期末库存，以本年粮食产量作为基础调查表的产量。

（2）以“农村居民户粮食（食用植物油）购销台账”的购买量、出售量、其他收入、其他支出的年度累计数，作为基础调查表的购买、销售、其他收入、其他支出。

（3）以“农村居民户粮油消费台账”的口粮（油）消费作为基础调查表的“在家口粮（油）”消费量。

（4）以“农村居民户粮油消费台账”的饲料用粮年度累计数和种子用粮作为基础调查表的饲料用粮和种子用粮。

（5）根据“农村居民户在外就餐、购买熟食（含半成品）台账”录入“全年在外就餐及购买熟食人次”数量。

（6）系统自动推算的数值

1）在外口粮（油）消费

就餐总人次 = 家庭常住人口 ×3 餐 ×365 天

在家就餐人次 = 就餐总人次 − 全年在外就餐及购买熟食人次

人均每餐口粮（油）消费量 = 在家口粮（油）消费量 ÷ 在家就餐人次

在外口粮（油）消费量 = 人均每餐口粮（油）消费量 × 全年在外就餐及购买熟食人次

2）在外就餐及购买熟食收入量 = 在外口粮（油）消费量

3）全年人均口粮（油）消费量 =［在家口粮（油）量 + 在外口粮（油）量］÷家庭常住人口

（二）报表平衡关系

基础调查表平衡关系：期初库存 + 收入合计 − 支出合计 = 期末库存

台账平衡关系：年初库存 + 本年产量 + 购买量 + 其他收入 − 出售量 − 其他支出 − 口粮（油）消费量 − 饲料用粮 − 种子用粮 = 年末库存

调查员在收回台账、填制基础调查表时，需注意平衡关系的校验。

（三）评估年度人均口粮（油）消费量

基础调查表中的人均口粮（油）消费量是根据调查户的家庭口粮（油）消费量和家庭常住人口测算的，调查员在录入基础调查表后，需关注人均口粮（油）消费量的数值，特别是人均口粮消费的数值是否位于合理区间之内。必要时，可将全县各调查户的人均口粮（油）消费量做横向比较，对于极大值和极小值，要进一步验证数据的合理性，判断是否存在错误统计的现象。

第三节　城镇居民户粮油收支平衡调查

一、城镇居民户抽样方法

城镇居民户的抽样分为三个阶段，分别由国家粮食和物资储备局、省级粮食行政管理部门和市（县）级粮食行政管理部门负责实施。

（一）国家粮食和物资储备局负责阶段

测算各市级行政区划需调查的样本数

（1）根据国家统计局人口统计数据，计算全国需调查的城镇居民户样本数，设为 N 。

（2）按各省城镇人口占全国城镇人口的比例，计算各省需调查的城镇居民户样本数，设为 N_p 。

$$N_p = \frac{\text{该省城镇人口数}}{\text{全国城镇人口数}} \times N$$

（3）按各市城镇人口占全省城镇人口的比例，计算各市需调查的城镇居民户样本数，设为 N_c 。

$$N_c = \frac{\text{该市城镇人口数}}{\text{全省城镇人口数}} \times N_p$$

（二）省级粮食行政管理部门负责阶段

省级粮食行政管理部门将各市城镇居民户样本数合理分解到各城区和农村居民户的调查县。

1. 未抽取农村居民户调查县的市

如果该市下辖的县级行政区划都不是农村居民户的调查县，则只需要在该市的城区抽取城镇居民调查户即可。如果城区没有县级粮食行政管理机关，由市级粮食行政管理机关进行入户调查。

2. 已抽取农村居民户调查县的市

如果该市下辖的县级行政区划中，有农村居民户的调查县，则需要在该市城区和农村居民户调查县的城区抽取城镇居民调查户。可按照被调查区（县）城镇人口占全市被调查区（县）城镇人口总量的比例，分配各区、县城镇居民调查样本数。

（三）市（县）级粮食行政管理部门负责阶段

市（县）级粮食行政管理部门按照简单随机抽样的原则，抽取被调查的城镇居民户。规模较大的市，可采取先抽取街道（社区），再抽取居民户的二阶抽样方式。

二、城镇居民户粮油收支台账

被抽取的调查户作为城镇居民固定调查点，粮食行政管理部门的调查员要挨家入户登记，记录户主姓名、常住人口等基础信息，在“国家粮油统计信息系统”中建立固定调查点，同时向调查户发放《城镇居民户粮油收支台账》。为确保数据质量，固定调查点一旦建立，不可随意更换。

《城镇居民户粮油收支台账》包括2张表。

（一）城镇居民户粮油收支台账

此表由调查户负责记录，只记录每年年初、6月末的家庭存粮油数量，以及1—6月的粮油收支情况。

粮油收支只记录调查户通过购买、接受赠予、单位福利等收入的成品粮油数量，以及赠予他人、因灾损失等支出的成品粮油数量。居民日常口粮油消费支出不需要记录。

收支内容按实际发生的时间、品种和数量记录，发生一次，记录一次，收支项目需要记录具体内容（见表10－3－1）。

表10－3－1　城镇居民户成品粮油收支台账填报示例　单位：市斤

日期		收支	粮食				食用植物油			
月	日		面粉	粳米	……	其他粮食	菜籽油	花生油	大豆油	其他油
年初库存		—	20	50					10	
1	10	购买						20		
1	20	春节福利		100						

续 表

日期		收支	粮食				食用植物油			
月	日		面粉	粳米	……	其他粮食	菜籽油	花生油	大豆油	其他油
1	25	送礼						10		
…	…									
6月末库存		—								

（二）城镇居民户在外就餐、购买熟食（含半成品）台账

按在外就餐、购买熟食（含半成品）可满足居民户消费的人次记录，每旬记录一次总数，含在单位（学校）食堂就餐次数。

具体记录方法与农村居民户相同。

10

三、城镇居民户基础调查表

城镇居民户基础调查表根据《城镇居民户粮油收支台账》生成。调查员收回调查户记录的《城镇居民户粮油收支台账》后，根据台账在“国家粮油统计信息系统”中逐户填报基础调查表。

填报基础调查表时，要注意单位换算。《城镇居民户粮油收支台账》的计量单位为“市斤”，在填报基础调查表时要换算为“公斤”。

（一）基础调查表填制方法

（1）以“城镇居民户粮油收支台账”中的年初库存作为基础调查表的期初库存，以6月末库存作为基础调查表的期末库存。

（2）根据“城镇居民户粮油收支台账”填报基础调查表的购买量、其他收入和其他支出。“其他收入”主要包括接受赠予、单位福利等，“其他支出”主要包括赠予他人、因灾损失等。

（3）根据“城镇居民户在外就餐、购买熟食（含半成品）台账”录入“半年在外就餐及购买熟食人次”数量。

(4) 系统自动推算在外就餐及购买熟食收入量、口粮（油）消费量和全年人均口粮（油）消费量。

（二）其他注意事项

与填报农村居民户基础调查表相同，不再赘述。

第四节　社会粮油供需平衡调查表的推算

一、产量和进出口数据的推算

社会粮油供需平衡调查中，粮食和油料产量的数据来源于国家统计局，粮油进出口数据来源于海关总署。农村居民粮油收支平衡调查表中获取的粮食产量数据，以及粮食流转统计中获取的进出口数据仅作参考，不作为定案数字。

食用植物油的产量数据根据产业经济统计年报中的“精炼食用植物油”产量和商品粮油收支平衡年报中的“制成调和油”数据进行推算。

二、商品量的推算

商品量指一定时期和范围内农业生产者除留下自用的口粮、种子、饲料和其他用粮外，向社会提供的可作为商品的粮食数量，也可以简单理解为农户可出售的粮食数量。商品量和产量的比值即为商品率。

$$商品率 = \frac{商品量}{产量}$$

商品量的推算要以统计部门的粮食产量数据为基础，参照历史数据和当年的粮食收购量来进行。

（1）推算商品量时，要参考历年的商品率。随着农村人口向城镇转移，粮食商品率应该呈稳中上升趋势。

（2）根据商品量的概念，当年的商品量应稍大于粮食收购量。如果商品量远大于收购量，需要考虑是否存在本地粮食大量流向外地的情况；如果收购量大于商品量，需要考虑收购量是否存在重复统计。

三、口粮（油）消费的推算

（一）农村居民口粮（油）消费推算

（1）计算调查县的样本均值。

（2）计算层样本均值：以“该调查县乡村人口占该层调查县乡村人口比例”为权重，对各调查县样本均值进行加权平均，计算层样本均值。

（3）计算省样本均值：以“该层乡村人口”为权重，对各层样本均值进行加权平均，计算省样本均值。

（4）计算省总量：省农村居民口粮（油）消费 = 省样本均值 × 省乡村人口数。

（二）城镇居民口粮（油）消费推算

（1）计算调查区（县）样本均值。

（2）计算市样本均值：以“该区（县）城镇人口占该市调查县城镇人口比例”为权重，对各调查区（县）样本均值进行加权平均，计算市样本均值。

（3）计算省样本均值：以“该市城镇人口”为权重，对各市样本均值进行加权平均，计算省样本均值。

（4）计算省总量：省城镇居民口粮（油）消费 = 省样本均值 × 省城镇人口数。

四、饲料用粮的推算

（一）农村居民家庭饲料用粮

与推算农村居民家庭口粮（油）消费方式相似，先计算出省样本均值，再计算全省总量。

（二）饲料和养殖企业的饲料用粮

根据商品粮油收支平衡年报表中“饲料用粮”的数据进行推算。原则上，辖区内的饲料和养殖企业都要纳入统计范围，对未纳入统计范围的个体工商户和其他经营主体，可进行一些有针对性的抽样调查，估算其饲料用粮数量。

（三）饲料用粮总量

将上述两组数据相加，得到全省饲料用粮总量。要结合供需平衡调查的历史数据，对饲料用粮数量进行评估，对增减情况要能做出合理解释。变化较大的，要进一步论证数据的合理性。

五、工业用粮的推算

（一）深加工企业的工业用粮

根据商品粮油收支平衡年报表中“工业用粮”的数据进行推算，包括淀粉用粮、酒精用粮、食品及副食酿造用粮和其他工业用粮。原则上，辖区内的粮食深加工企业都要纳入统计范围，对未纳入统计范围的个体工商户和其他经营主体，可进行一些有针对性的抽样调查，估算其工业用粮数量。

（二）大豆榨油减量

大豆的工业用粮中包含大豆榨油减量。大豆榨油减量，即大豆经过压榨（浸出）生产豆油时，生产成品中不属于粮食的部分。大豆经过压榨（浸出）后，产品主要为豆油和豆饼豆粕，而豆饼豆粕视为粮食统计，所以大豆榨油减量可以简单理解为豆油的产量。

在供需平衡调查中，豆粕的消费量包含在“大豆”品种内，而豆粕的产量不包含在“大豆”内，所以不能在支出项中反映所有用于压榨生产豆油的大豆数量，只能将压榨后不属于粮食的部分（即生产出的豆油）反映在支出项中。

10

例 10－4－1　某省年初实际大豆库存 10 万吨，豆饼豆粕库存 5 万吨；当年实际大豆产量 5 万吨，进口 50 万吨；使用 45 万吨实际大豆生产了 9 万吨豆油和 36 万吨的豆饼豆粕；使用 40 万吨豆饼豆粕生产饲料；此外，还有种子用粮大豆 1 万吨。计算年末实际大豆和实际豆饼豆粕库存，并分别列出 2 个品种的平衡表。

答：年末实际大豆库存：

$$10+(5+50)-(45+1)=19\text{（万吨）}$$

实际豆饼豆粕库存：

$$5+36-40=1\text{（万吨）}$$

实际大豆和豆饼豆粕收支平衡表如表 10－4－1 所示。

表 10－4－1　　实际大豆和豆饼豆粕收支平衡表　　单位：万吨

项目	期初库存	收入合计	产量	进口	支出合计	饲料	工业	种子	期末库存
实际大豆	10	55	5	50	46		45	1	19
实际豆饼豆粕	5	36	36		40	40			1

在推算社会粮油供需平衡调查表时，豆饼豆粕需按 1∶1 的比例计入“大豆”中，但豆饼豆粕的产量不体现，只体现消费量和库存。因此，大

豆的工业用粮支出不能按45万吨填列，只能填列榨油减量（即豆油产量）的9万吨，即在收入（产量）、支出（工业）项中同时去掉豆饼豆粕的产量36万吨，上表修改为（见表10－4－2）：

表10－4－2　　社会粮食供需平衡调查表　　单位：万吨

项目	期初库存	供给合计	产量	进口	需求合计	饲料	工业	种子	期末库存
大豆	15	55	5	50	50	40	9	1	20

大豆榨油减量的数据要参照商品粮油收支平衡年报表中实际大豆油的“加工成品收回”的数量，同时也与大豆的进口量密切相关。通常当年进口的大豆，基本在当年压榨消化完毕，只有少量进入库存。

（三）工业用粮总量

将上述两组数据相加，得到全省工业用粮总量。要结合供需平衡调查的历史数据，对工业用粮数量进行评估，对增减情况要能做出合理解释。变化较大的，要进一步论证数据的合理性。

六、种子用粮的推算

参照推算农村居民家庭口粮（油）消费的方式，推算省亩均用种量，亩均用种量×播种面积＝种子用粮量。

七、年末库存的推算

（一）城乡居民户家庭存粮

与推算农村居民家庭口粮（油）消费方式相似，先计算出省样本均值，再计算全省总量。

（二）企业年末库存

1. 企业商品库存

根据商品粮油收支平衡年报表中“期末库存”的数据进行推算。对未纳入统计范围的个体工商户和其他经营主体，可进行一些有针对性的抽样调查，估算其年末库存。供需平衡调查的推算结果应略大于报表中的期末库存值。

2. 企业年末总库存

将推算得出的商品库存与地方储备实际库存、地方政策性粮食库存和中央事权粮食库存①相加，得到企业年末总库存。

八、省外购进和销往省外的推算

（1）根据统计报表数据：参照商品粮油收支平衡年报表和地方储备粮油收支平衡年报表中购进、销售的其中“省外”项，推算省间流向的数据②。

（2）根据外部门数据：结合铁路、公路、水运等部门的数据进行推算。

（3）根据收支平衡关系：根据本省（区、市）粮油供给、需求和库存增减变化，综合考量省间流向的情况。

---

① 国家粮食和物资储备局于每年 3 月将上年末的中央事权粮食库存反馈至各省（区、市）粮食行政管理部门。

② 部分省（区、市）设计了专项反映省外购进和销往省外的月报表，这些省（区、市）可直接从此表中获取省间购销数据。

第十一章 统计分析报告

第一节 统计分析报告概述

一、统计分析报告的定义

统计分析是以统计数据及相关资料为依据，运用科学的原理和分析方法，对客观存在的经济社会现象进行研究，表现所研究事物本质和规律性的一种应用文章。

粮食统计分析报告，就是综合运用收集的粮食统计数据和资料，用科学的分析方法对其进行分类、汇总、整理、归纳，将定性分析与定量分析相结合，能够正确地反映粮食经济活动的现状成因、本质规律和发展变化，并提出对策建议的文字材料。

二、统计分析报告的特点

（一）统计分析报告以统计数据为主体

统计分析报告主要以统计数字语言，来直观地反映事物之间的各种复杂的联系，以确凿的数据来说明具体时间、地点、条件下社会经济领域的成就和经验、问题与教训、各种矛盾及其解决办法。它不同于用艺术形象刻画的文艺作品，也不同于旁征博引进行探讨研究的各种论文，而是以统计数字为主体，用简洁的文字来分析叙述事物量的方面及其关系，进行定量分析。

（二）统计分析报告以科学的指标体系和统计方法来进行分析

统计是社会认识的武器，着眼于社会经济现象总体的量的方面，并在质与量的辩证统一中进行研究。因此，统计分析报告是通过一整套科学的统计指标体系，进行数量研究，进而说明事物的本质。在整个分析研究中，运用一整套科学的方法，进行灵活、具体地分析。但它又不同于数学分析。数学分析方法撇开事物的质量，只分析抽象的数量关系和空间的形式；而统计分析报告是在质与量的辩证统一中研究量的方面的基础上，研究说明事物的规定性。

（三）统计分析报告具有独特的表达方式和结构特点

统计分析报告属于应用文体，基本表达方式是以事实来叙述，让数字说话，在阐述中议论，在议论中分析。在表现事物时，不是用夸张、虚构、想象等手法，而是用较少的文字和精确的数据，言简意赅、精练准确地表达丰富的内涵。

统计分析报告在结构上的突出特点是脉络清晰、层次分明。一般是先摆数据、事实，进行各种科学的分析，进而揭明问题，亮出观点，最后有针对性地提出建议和措施。统计分析报告的行文，通常是先后有序、主次分明、详略得当、联系紧密，做到统计资料与基本观点统一，结构形式与文章内容统一，数据、情况、问题和建议融为一体。

三、统计分析报告的作用

整个统计工作由统计设计、统计调查、统计资料的整理和统计分析四部分组成，统计分析是从感性认识到理性认识的过程，是从认识事物的现象到认识事物的本质及其发展规律的过程。统计分析报告是统计分析的结果展现。

（1）撰写统计分析报告是科学决策、科学管理的客观要求。宏观经济科学决策、科学管理必须建立在对经济形势正确判断的基础上，而对经济形势的正确判断又源于对经济形势的科学分析。统计分析不仅从定性方面去研究问题，而且更注重从定量的角度去认识和揭示事物的内在联系和发展的规律性，便于从更深层次上更具体地去认识问题。就这一点而言，统计分析在宏观决策和管理中有着更积极、更重要的作用。

（2）撰写统计分析报告是发挥统计整体功能的重要途径。统计的整体功能是信息、咨询和监督，这三大功能的每一个方面都离不开统计分析。提供的信息是否准确、全面，不加以分析不会知道。统计分析水平的提高，又对统计信息提出了更高的要求，并为信息的改进指明方向。统计咨询和统计监督为科学决策提供对策建议，也离不了对统计数据去粗取精、去伪存真、由表及里的综合加工和分析研究。统计咨询和监督职能的更好发挥，也需要通过统计分析来实现。

（3）撰写统计分析报告是促进统计改革和发展的需要。对统计资料进行加工整理和分析研究，就能发现统计指标体系、调查方法、核算方法、指标口径、数字质量等方面的不足之处，从而有利于及时进行改进。

总而言之，统计分析报告是传播统计信息的有效工具，是党政领导决策的重要依据，是统计服务与统计监督的主要手段，是衡量统计工作水平的综合标准。写好统计分析报告，有利于增进社会对统计工作的了解，有利于提高统计的社会地位，有利于促进统计工作自身的发展。

四、统计分析报告的撰写要求

（一）对统计分析报告内容的要求

一篇统计分析报告的质量，一般从两个方面来衡量：一是深度和广度，即报告的内容是否丰富，对资料的分析和写作技巧如何；二是时效性及产生的社会影响，即分析报告在实际工作中发挥的作用。后者是衡量分析报告质量的主要标准。

1. 主题要突出

主题是统计分析报告的中心思想或基本论点。它像一根红线贯穿于全文，是文章的灵魂与统帅。统计分析报告要根据统计研究的任务，抓住要解决的主要矛盾及矛盾的主要方面，开展分析工作。内容要紧扣主题，从统计资料反映的复杂社会经济现象中，抓住重点问题，突出主题思想加以阐述。

2. 材料和观点要统一

统计分析报告必须以统计资料为依据，但不能搞资料堆砌，要用统计资料来说明观点。这就要求在编写统计分析报告时必须处理好材料与观点的关系。统计资料要支持报告所说明的观点，而观点要以统计资料为依据，做到材料与观点的辩证统一。如果材料与观点脱节，便失去了统计分析报告的说服力。

3. 判断推理要符合逻辑

统计分析报告的准确性，不仅是运用的统计数字要准确可靠，而且要准确地说明社会经济现象的本质和发展变化的规律。这就要求编写统计分析报告要在统计资料的基础上进行深入分析，运用推理和判断的逻辑方法。判断是以准确的统计数字为依据的，推理是以充分的依据为前提的。正确的判断和推理，从事物发展上说，就是要有根有据，符合客观的规律性；从思维发展上说，就是要实事求是，合乎事物的逻辑性。判断和推理的结果，前后不能矛盾，左右不能脱节，要如实反映客观事物的内在联系。

4. 结构要严谨

结构要严谨，是指统计分析报告内容的组织、构造应当细密，无懈可击，甚至达到“匠心经营，天衣无缝”的地步。这就要求首先要思想周密，不能“挂一漏万”，“顾此失彼”；其次要组织严谨，没有“颠三倒四”，“破绽百出”。结构能否严谨，首先取决于作者思想认识和思路是否清晰、严密。作者只有充分认识与掌握事物发展的内在规律，才能把它顺理成章地表达出来。

5. 语言要生动简练

统计分析报告的质量，首先在于内容，其次还要讲究辞章问题。如果用词烦琐、语言不通、词不达意，就不能较好地表述分析的结果。所以，写一篇较好的分析报告，要善于用典型的事例、确凿的数据、简练的辞藻、生动的语言来说明问题，切忌文字游戏、词句堆砌，形式排比、华而不实。

要写出一篇高质量的统计分析报告，还应在求“新”和求“深”上下功夫。所谓“新”，是指创新。不仅内容有新意，形式也要新颖。要有所创新，就要树立新观念，研究新课题，挖掘新事物、新思想，选择新视角，反映新情况、新特点、新动态，写出新成就、新问题，分析新原因，总结新经验，提出新建议。所谓“深”，是指深入透彻。要掌握丰富的资料，进行深入的分析，对研究对象有深刻、透彻的认识。

（二）对统计人员的要求

1. 具备统计专业素养

一名统计工作者既要从宏观上对自己负责的工作内容了然于胸，又要从微观上吃透每一个细节，明确每个指标和数据的含义。要具备透过现象看本质的能力，能够从错综复杂的统计数据中找到一条主线，认清粮食经济活动的发展特点和本质规律。

2. 紧密联系工作重点

粮食统计分析很重要的一个作用是为粮食行业管理者提供决策依据，因此，统计人员要紧密联系当地乃至全国粮食工作的重点，围绕当前社会热点，紧跟时代步伐，将实际情况体现在统计分析中，发挥统计分析的作用和成效。

3. 深入了解本地情况

粮食统计分析一般都是针对某个具体区域而言，统计人员只有深入了解本地区的基本情况，在撰写统计分析时才能分清轻重缓急，更加有的放矢。一方面，统计人员可以通过日常的统计报表，从数据中掌握有关地区和企业的情况；另一方面，统计人员平日要多与有关部门进行沟通联系，从多种途径了解地区发展特点。

4. 具有较强文字功底

（1）注重资料积累。统计人员应根据自己的实际工作内容，养成自觉积累资料的习惯，做一名统计的有心人。

（2）学习优秀范文。多方面学习他人的写作方法和写作技巧，博采众长，开阔眼界。

（3）坚持多写多练。实践出真知，“读十篇不如写一篇”。写作初期可以从简短的统计分析开始，逐步掌握统计分析的写作要点，不断提升写作水平。

第二节　统计分析报告的类型

一、快报型统计分析报告

快报型统计分析报告是一种简要的应用文体，分析的指标要少，内容要高度浓缩，但要有代表性，要抓住能反映主要特点的数字进行分析。文体结构要简单清晰，通常先列举反映情况的主要数字，然后进行分析，分析的重点可侧重于特点，或原因，或趋势。文字上要简明扼要，全篇文字在二三百字即可。

例文：

东北地区玉米收购价格小幅上涨

春节后，东北地区玉米收购价格以稳为主，部分地区小幅上涨。据监测，本周东北地区玉米平均收购价格为每百斤67.5元，其中内蒙古、辽宁、黑龙江分别较上月同期上涨1.4%、1.4%、3.2%。主要原因：一是收购进度较快，农民手中余粮不多，且大多已经“上栈子”，不急于销售；二是用粮企业需求旺盛，享受补贴政策的玉米深加工企业、饲料企业满负荷生产，积极入市收购；三是部分贸易商对后市看涨，开始建立玉米库存。值得注意的是，近期禽流感疫情有所扩大，禽类养殖企业存栏量下降，玉米需求受到一定影响。预计后期东北地区玉米价格将稳中有升，下跌的可能性不大。

这是一篇典型的快报型统计分析报告，文章短小精悍，重点突出。标题点明中心论点，行文开门见山，首先概括价格走势，运用环比数据辅证论点；其次分析原因，综合考虑了农民、企业等各方对市场的影响；最后对价格走势进行预测，体现了统计分析的前瞻性。

二、总结型统计分析报告

总结型统计分析报告是对一定时期社会经济发展情况进行总结分析的文章，通过分析总结，可以全面认识一个地区、部门或单位的社会经济形势，目的是发扬成绩，总结经验，制定政策措施，为今后的工作创造更好的条件。

总结型统计分析报告大多是对半年或一年的数据资料进行分析，一般有三个写作重点：一是分析社会经济发展形势；二是总结归纳提出问题；三是给出建设性的意见。提出的意见和建议，一定要紧扣问题。在写作时，要善于运用统计资料和统计分析方法，采用统计数字与文字论述相结合的方法，从数量上分析社会经济现象，从定量认识发展到定性认识。

这一类统计分析报告的正文结构大都采用总分式，开头是简要总说，接着写具体的情况、形势，再写问题，最后写建议。每个部分应设小标题，使文章的层次更分明。

例文：

江苏省 2016 年度粮食科技情况分析报告

（江苏省粮食局供稿）

2016 年，江苏粮食科技工作坚持以率先基本实现粮食流通现代化为主线，以科技创新为引领，以人才支撑为驱动，引导各种优势资源禀赋不断向行业集聚，扎实推动粮食流通产业向更高水准、更深层次、更宽领域发展，为打造粮食流通现代化的先行区奠定坚实基础。

一、基本情况

（一）粮食科技投资情况

2016 年，江苏省粮食行业列入国家财政科技项目投资总预算××万元，其中，科技部××万元，农业部××万元，国家自然科学基金委员会××万元，其他部门××万元；当年国家财政拨款××万元，其中科技部××万元，农业部××万元，国家自然科学基金委员会××万元，其他部门××万元；地方财政拨款××万元；单位自筹××万元；其他××万元。

2016 年，江苏省粮食科技项目共计××个，主要集中在加工领域，共有××项，占总数的××%；储藏领域××项，物流领域××项，信息化领域××项，其他领域××项。从项目类别来看，支撑计划××个，公益专项××个，农转项目××个，国家自然基金项目××个，高技术产业化项目××项，地方科技项目××项，单位自主研发××项，横向委托研究项目××个，其他项目××个。

（二）粮食科研成果情况

2016 年，江苏省入统的粮食科技成果，基础类成果：专利××项（包括发明专利××项，实用新型专利××项，外观设计××项）；论文××篇；制定标准××个，修订标准××个；获省级奖项××项；应用类成果中新产品××个，新技术××个，新工艺××个。

二、情况分析

（一）科研成果面窄量少，基层一线科研力量薄弱

科技创新成果多数集中在粮机设备、食品加工等方面，而在科学储粮保粮等方面基本无科技创新成果。粮食专业技术人员主要集中在粮食科研院所，而仓储一线工作人员因普遍年龄大、学历低，专业技术人员相对较少，受过专业培训的更少，科研成果几乎没有。

（二）国家财政拨款集中拨付在粮食科研院所，粮油企业科研经费紧张

2016年全省粮油科技方面国家部级财政拨款基本集中于科研院所，我省其他粮机企业，食品加工、仓储企业基本无国家级资金扶持。地方资金支持不足，2016年全省粮油科技方面地方资金支持仅××万元，占总经费投入的××%。企业的科研经费基本为企业自筹，2016年单位自筹或接受委托资金××万元，占总经费投入的××%。

三、存在的主要问题

一是尽管建立了粮食科技的激励机制，但政策和其他改革措施不配套使激励机制仍活力不足，导致粮食科技人才严重流失。二是粮食科技投入受到回报低、回报时间长的影响，粮食科技经费严重不足。在缺乏多元投入主体和渠道的情况下，既限制了粮食科技研究和推广的开展，又降低了科研成果的质量和效益，形成恶性循环。三是受国家政策影响，粮油行业作为民生行业，一直以来都利润微薄，但是在信贷、税收、投资等方面，国家对粮油深加工等粮食传统行业的扶持政策相对较少，从事粮油深加工与从事其他行业的企业相比没有优势，影响企业的研发积极性。粮油行业是进入市场经济最晚的一个行业，在资金、技术、品牌、规模及人员素质等方面相对处于劣势。粮食产后加工还未得到像粮食产前、产中一样的重视。

四、下一步推进措施

（一）引进行业人才

建立科学的激励机制，尤其在人才队伍建设上，要敢于大胆创新，建立人才培养、选拔、使用和激励的有效机制，有针对性地吸引集聚各类人才，为企业发展提供智力支撑。一方面，针对国有粮食行业现行的管理制度进行全面梳理，严格推行人员定岗、定位、定编责任制度，广泛开展职工培训和岗位练兵活动，全面提升国有粮食行业企业职工整体素质；另一方面，邀请粮食行业专家开展培训，积极与涉粮专业高校开展合作，邀请民营粮食行业推选人才广泛参与。

（二）打造创新平台

充分发挥我省科技资源优势，以江南大学、南京财政大学、中粮无锡工程科技有限公司为依托，推动政产学研合作向高层次发展，加快科技成果转化运用，促进全省传统产业向集约化、高端化、产业化方向发展。加强现代粮油精深加工关键技术攻关和装备开发，发挥我省粮机制造优势，不断开发新品，扩大市场份额，不断加大技改投入，提升产品竞争能力。

（三）制定政策扶持

强化政策精准扶持，为科技人才建设和产业发展营造良好的政策环境。加快创新体系建设，认真落实《国家粮食局关于深化粮食科技体制改革和加快创新体系建设的指导意见》，按照总结、提升、规范、推广的思路，因地制宜开展科技创新试点示范，加强科技创新与推广，综合利用税收、金融、价格、补贴等措施，建立激励机制，调动企业的科技创新积极性；加强品牌建设，鼓励企业争创中国名牌、中国驰名商标，不断壮大企业品牌影响力。支持和鼓励企业加强与国内外知名企业的战略技术合作，引进消化吸收关键技术，形成自主知识产权。积极采用国内外先进标准，引导和鼓励企业开展先进的质量管理体系认证，提升企业管理水平。

这是一篇优秀的总结型分析报告。开篇引用数据，第二部分分析数据、总结特点，第三部分提出问题，最后给出建议。问题和建议环环相扣，密切对应。

三、调查型统计分析报告

这类统计分析报告有明显的针对性。要具有十分具体、明确的调查目的；要大量占有第一手材料，用事实说话；要有一定的深度，以“解剖麻雀”的态度，发现其实质和典型意义。对于调查方法和过程，则应该少写或不写。

调查型统计分析报告的结构形式可以灵活安排，一般先概述调查目的、调查形式之后，要用较大篇幅阐述调查的基本情况，做分析研究，得出结论，最后可提出一些建议。

例文：

山西省2016年度社会粮油供需平衡调查报告

（山西省粮食局供稿，有删节）

根据国家粮食局有关文件通知和《国家粮食流通统计制度》的有关规定，我局高度重视，精心组织，加强培训，进一步完善调查样本布局，细化调查内容，改进调查方法，圆满完成了2016年度社会粮油供需平衡调查任务。全省共抽取居民户调查样本××户，其中乡村居民户××户，城镇居民户××户。调查结果显示：2016年我省粮食产量增加，消费量减少，产消存在缺口，品种结构矛盾突出，社会粮食库存减少。油料产量增加，食用油消费稳定，产消缺口大，外向依存度高。现将调查具体情况报告如下。

一、粮食调查情况

（一）粮食总产量××亿斤，比上年增加××亿斤，增幅××%。2016年以来，我省各级政府和有关部门紧紧围绕农业供给侧结构性改革主线，认真落实中央和省的各项惠农政策，引导农户调减非优势生产区域玉米种植面积，积极调整完善各项补贴措施，继续开展粮食高产创建活动，推进粮食绿色增产模式攻关，使粮食作物种植结构得到有效优化。2016年我省粮食生产虽遭受了低温寒潮、干旱、冰雹以及病虫害等灾害的影响，但在粮食生长关键时期，气象条件总体较好，保障了粮食产量。据统计部门公布数据，2016年全省粮食播种面积××万亩，比上年减少××万亩；粮食总产量××亿斤，比上年增加××亿斤①。粮食总产量为历史上第二个高产年，粮食单产创历史最好水平。

（二）粮食商品量××亿斤，比上年增加××亿斤，商品率××%。2016年，农户出售的粮食商品量××亿斤，比上年增加××亿斤，商品

---

① 省略分品种情况。——编者注

11

率××%，与上年基本持平。商品量增加的主要原因：一是2016年我省粮食产量与上年相比增加，可提供商品粮源增多；二是随着农业改革的深入推进，非农收入在农户家庭收入中所占比重不断提高，大量农村劳动力流向城市，使得农户从市场上购买粮食的能力增强，也促使农户减少存粮；三是种粮农民消费方式改变，卖原粮买成品粮及其制品的情况变得越来越普遍；四是农民“备荒”意识减弱，存粮的习惯和心态发生了变化。粮食收获后，大多数农户在留下生活用粮后都较快出售手中余粮，经济较为宽裕的农民，则会待价而沽，择机出售。据我们在小麦主产区调查了解，从农民出售意愿来看，农户基本不存粮，随吃随买，有30%～50%的农户在小麦收货后全部出售；有40%左右的农户留存2～3个月口粮，其余全部出售；有不足10%的农户对价格期望值高，整晒后暂时在家存储，代价出售。

（三）粮食消费量××亿斤，比上年减少××亿斤。从消费结构看，城镇居民口粮、饲料用粮均比上年增加，但增速放缓；乡村居民口粮、工业用粮比上年有所减少。从消费品种看，主要口粮品种小麦、稻谷消费增加，饲用玉米消费增加，工业用玉米消费减少。究其原因，一是工业深加工消费需求萎缩。我省玉米深加工企业规模小，加工转化能力弱，加工产品单一，链条短，中高端产品不足。我省玉米深加工产品主要是淀粉，缺少淀粉糖、味精、氨基酸、酒精、燃料乙醇等高附加值产品。与全国玉米加工业快速发展相比，我省优质产品缺少，缺乏龙头带动力，市场竞争力不强，导致玉米产量的40%以上流向省外。二是饲料用粮保持稳定。尽管我省玉米饲料加工与其他省相比规模较小，但自我省启动畜牧振兴工程以来，猪鸡牛羊四大产业齐头并进，在雁门关发展牛羊生态畜牧经济区、晋东南发展养猪产业等。近年来发展势头较好，逐渐完成了基地、加工、养殖、屠宰的全产业链生产。2016年以来，由于原粮玉米价格不断下跌和生猪价格行情较好，饲用玉米使用量增大，近几年养殖行业不景气状况得到改善，饲料企业盈利水平有所提高。三是城镇粮食消费稳定增长，乡村粮食消费减少。随着我国工业化、城镇化和城乡一体化进程加快，农村人口进城务工，持续向城镇转移。2016 年山西城镇化率为 65%，比 2015 年增长了 1 个百分点；全省城镇口粮消费 × × 亿斤，比 2015 年增加 × × 亿斤；乡村口粮消费 × × 亿斤，比 2015 年减少 × × 亿斤。四是随着科技进步以及粮食种植结构调整，种子消费稳中略减。

（四）粮食产消存在缺口，品种结构矛盾突出。从总量看，全省粮食消费量高于当年粮食产量，2016 年粮食产消缺口 × × 亿斤①。我省小麦主要从河南、河北、山东等省购入；部分销往省外，主要是运城市所产小麦流向河南、陕西两省面粉加工企业。稻谷缺口主要从黑龙江、辽宁、吉林等省购入。

（五）年末社会粮食总库存 × × 亿斤，比上年末减少 × × 亿斤。分性质看，全省企业库存、农户存粮和城镇居民存粮与 2015 年年末相比均有不同程度的减少。粮食企业库存减少的原因，主要是国家加大了粮食“去库存”的力度，2016 年通过竞价销售方式销售我省存储的国家临时玉米 × × 亿斤。由于粮食市场化程度提高，粮食市场供应稳定，城乡居民心态趋稳，社会存粮意识普遍减弱。调查中发现，城镇居民、种粮大户、经济作物区农户基本不存粮；年龄较大农户家庭要存一部分口粮，年轻者农户家庭存粮则相对较少。随着非农收入在农户家庭收入中所占比重不断提高，大量农村劳动力流向城市，家庭农户存粮必然相应减少和降低，加之市场粮源充足、品种丰富，食用时可随意从市场上选择购买自己需要的品种，随吃随买。在调查中发现，有的农民将收获的小麦存放于当地面粉厂，面粉厂按一定的折换率兑换给农民面粉。我省一些基层粮站、面粉加工企业积极开展“粮食银行”业务，极大地方便了农民生产、生活。

二、食用植物油及油料调查情况

（略）

---

① 省略分品种情况。——编者注

三、有关意见

（一）开展小麦优质优价试点，打造全产业链发展模式。我国小麦市场供需总体宽松，但品质间价格差异明显，普通小麦市场价格低，优质小麦市场价格高。据监测数据显示，2016 年，河南、山东、河北等省优质小麦价格比普通小麦价格高××%～××%。由于我省小麦未形成产业链条，特别是面粉加工企业“小、散、弱”，缺乏有影响力的品牌，市场上面粉消费××%来自省外，收原粮、卖原粮的落后经营方式，致使优质不能优价，农民种粮效益得不到体现。因此要引导和鼓励粮食企业通过订单收购、专收专储、建设粮源基地等方式，探索集种、收、储、加、销于一体的全产业链发展模式，促进优质优价，实现全链条增值。支持粮食企业与种粮大户、家庭农场、专业合作社等结成利益共同体，建立“农户＋农民合作社＋基地＋龙头企业”模式，打造“从田间到餐桌”的全产业链条，以现代化粮食流通为引领，进一步深化粮食供给侧结构性改革。一是尊重市场规律。在供给和市场需求之间，根据价格的变动，引导资源向着最有效率的方面配置。二是发挥各市场主体的作用。在优质小麦产业链上体现为从种植到餐桌各个环节，包括种粮户、农业合作社、粮食经纪人、龙头企业，以及银行、保险等金融机构等，以利益和契约为纽带，发挥各主体的积极主动性，促进产业的发展。三是资金融通是关键。通过贴息支持和其他优惠政策吸引政策性银行和商业银行主动参与，畅通优质小麦的市场化融资渠道。

（二）建立粮食产后服务体系，促进粮食顺畅流通。（略）

（三）推进杂粮产业经济发展，开拓省内外粮食市场。杂粮是我省的特色优势，但存在生产规模小、产业链条短、加工粗放等问题，不能满足居民消费升级的需求。因此，要通过建立优质杂粮生产基地，引导杂粮加工企业瞄准高附加值产品，发展特色杂粮衍生品，开发功能性产品，拓展销售渠道，构建“互联网＋杂粮”，扩大市场占有率，促进企业、基地、农户和市场衔接，不断满足城乡居民多元化、个性化、定制化的消费需求。

例文：

陕西省2016年度社会粮油供需平衡调查报告

（陕西省粮食局供稿，有删节）

为全面掌握我省粮油供需平衡情况，科学研判粮油供求形势，更好地为政府粮食宏观调控提供依据、为全社会粮食经营者提供信息服务，按照国家粮食局文件要求，我们认真组织完成了2016年度社会粮食、食用植物油及油料供需平衡调查任务，现报告如下。

一、调查工作开展情况

（略）

二、社会粮食供需平衡调查结果及情况分析

从近年来全省粮食供需平衡调查情况看，我省粮食连年丰产，消费量平稳，谷物产不足需；粮食商品量略增，省外购进和销往省外均有所增加，净流入相对略增；粮食产消缺口略增，品种结构和区域不平衡矛盾突出；社会粮食库存略有减少。具体情况如下：

（一）粮食产量和商品率基本稳定

1. 全省粮食产量基本稳定在××亿斤左右。国家不断加大强农惠农富农政策支持力度，稳定了农民的种粮收入预期，保护了农民种粮和地方重农抓粮积极性，保障了粮食播种面积和产量基本稳定。据国家统计局统计，2016年全省粮食播种面积××万亩，比上年减少××万亩，微降××%。粮食总产量××亿斤，比上年增加××亿斤，增长××%。其中夏粮产量××亿斤，同比减少××亿斤，减幅××%。秋粮产量××亿斤，同比增加××亿斤，增幅××%。

夏粮减产原因：2016年春季以来，我省雨水较为充足，特别是四五月，几次降水都在关键时期，对小麦成穗、灌浆十分有利，但6月上旬正值小麦收割期，我省西安、咸阳、渭南等主产区遭遇连阴雨天气，导致小麦生芽粒较多，影响了小麦的总产量。

秋粮增产的原因：全省“以秋补夏”工作措施得力，新技术、良种推广应用，田间管理及时到位，降雨充足，玉米单产提高。

2. 粮食商品量提高。2016 年粮食商品量为××亿斤，同比增加××亿斤，商品率为××%，较上年提高 2.2 个百分点。

粮食商品量提高是因为粮食企业收购量加大。一是粮食加工企业原粮需求增加，二是部分储备粮承储企业轮换任务增加。

（二）粮食消费量保持平稳态势

1. 粮食消费量接近 290 亿斤。2016 年粮食消费量为××亿斤，同比增加××亿斤。分品种看，主要用作口粮的小麦、稻谷消费基本平稳；受整体经济运行好转影响，疲软多年的粮食转化行业逐渐回暖，工业用粮产品的需求呈增长趋势，玉米工业用粮有所增加。

2. 全省口粮消费量保持稳定增长态势，但增长速度明显趋缓。2016 年城乡居民口粮消费量××亿斤，同比增加××亿斤，占消费总量的××%，与去年所占比率持平。按 2016 年年末全省总人口 3812.6 万人计算，年人均口粮消费量××斤，同比增加××斤。乡村居民年人均口粮消费量××斤，主要是因为农村人口消费习惯以主食为主，加之农业机械化程度不高，农村人口劳动强度大，而城镇人口肉蛋奶、副食的消费比例高于农村人口，主食消费量相对降低。

3. 饲料用粮减少。2016 年饲料用粮××亿斤，占总量的××%，同比减少××亿斤。2016 年我省肉禽蛋奶等产品终端仍消费不旺，养殖企业饲料用粮缩减，我省的两户较大规模的饲料企业都减少养殖规模和外销饲料。同时，农村人口逐年减少，大量农民工进城务工，甚至有很大一部分农户住进了楼房，失去了饲养家畜的条件，农户饲料消费量减少。

4. 工业用粮增加。工业用粮××亿斤，占总量的××%，同比增加××亿斤。2016 年度受整体经济运行好转影响，疲软多年的粮食转化行业逐渐回暖，我省的××××等大型粮食加工转化企业因生产需要，竞相抢抓粮源，用粮增加。

（三）粮食产消缺口略增，但幅度不大，仍在××亿斤左右

2016 年我省粮食消费量大于产量，产消缺口××亿斤，同比增加

××亿斤，除玉米和杂粮外，其他品种产不足消的矛盾依然不同程度存在。产消缺口增加是因为粮食产量的增量小于口粮和工业用粮等消费增量。

（四）社会粮食总库存继续减少

2016年年末，社会粮食总库存××亿斤，同比减少××亿斤。分品种看，除大豆库存增加外，小麦、稻谷、玉米、其他粮食库存均减少。

年末企业库存总体减少，城乡居民存粮平稳。用粮企业为降低生产成本，大多采取边购边销、勤进快销的经营策略，企业基本不存粮、不压粮。由于粮食连年丰收，粮价平稳，城乡居民存粮保持稳定。农户存粮减少的主要原因：一是农民的收益年年增加，传统的存粮备荒意识已经淡化，同时粮食需求较旺，粮食收购价格基本达到了农民的心理价位，农民售粮积极；二是随着农村城镇化进程不断加快，农村劳动力逐步进入城市，农村留守人员减少，并且多为老年人和儿童、青少年，这部分人员的人均粮食消费量水平较低，再加上农村人口总数也在不断减少，致使农户存粮相应减少，同时大多数外出务工经商的农民，一般将粮食收获后一次性出售，返乡后再在市场上购粮消费；三是随着人们生活水平的提高，消费观念和饮食结构发生了变化，肉、蛋、蔬菜等副食品消费量不断增多，直接食用粮食相对减少，农民存粮积极性有所下降，存粮数量趋减。

三、社会食用植物油及油料供需平衡调查结果

调查显示，2016年我省食用植物油产量稳中略减，产消缺口有所放大，库存小幅下降；油料产量再创新高，库存略有增加。

（一）油料产量再创新高，食用植物油产量稳中略降

一是油料产量××万吨，增幅××%。近年来，由于居民食用油品种趋于多样化，国家取消油菜籽临时收储政策，油料作物种植结构得到了进一步调整和优化，我省油料种植面积也呈现出油菜籽减、其他油料增的特点，2016年省内油料产量“跷跷板”现象明显，在油菜籽产量同比减少××%的同时，其他油料产量增幅达到××%，全省油料总产再创历史新高。

二是食用植物油产量××万吨，减幅××%。2016年，国际油脂期货市场一片繁荣，国内临储菜油拍卖保持了较高成交率，但受食用植物油加工成本增加、企业经营下滑、库存仍处高位等因素影响，我省部分大型油脂压榨企业困难重重，开工率下降明显，少数企业甚至出现了关停破产等现象，食用植物油产量近5年来首次出现下降。调查数据显示，2016年全省食用植物油产量为××万吨，比上年减少××万吨，减幅××%，除豆油同比增加××%外，菜籽油、花生油及其他油产量均有所减少。

（二）食用植物油消费量同比略增，销往省外数量增幅明显

一是食用植物油消费量××万吨，减幅××%。随着居民“少食油、食好油”意识的不断增强，2013年以来，我省人均口油消费量呈逐步下降趋势，食用植物油消费量也逐年减少。调查显示，2016年我省食用植物油消费量为××万吨，较上年减少××万吨。随着“一带一路”倡议的不断推进，我省大型油脂加工企业进一步强化区域间和国际间合作，不断加大区域外扩展力度，食用植物油销往省外数量同比增加××%，增幅明显。

二是居民口油消费逐年下降，食品业用油增幅明显。调查显示，2016年城乡居民口油消费占总消费量的××%，与上年持平。在国内互联网经济快速发展的背景下，网购商品更加便捷高效，方便食品、油炸零食等食品业呈井喷式发展，食品业用油量增长速度加快。调查显示，2016年全省工业用油××万吨，同比大幅增加。

从口油消费品种看，我省居民食用植物油主要消费品种仍以菜籽油为主，但随着居民收入的不断提高，葵花籽油、花生油等高端食用油，因其绿色安全、营养健康，越来越被人们认可，消费量呈逐年上升趋势。调查显示，2016年我省主要口油消费品种中，菜籽油为××万吨，占××%；葵花籽油为××万吨，占××%；花生油为××万吨，占××%。

（三）我省食用植物油产不足需矛盾依然突出

统计数据显示，近五年我省人口年均自然增长11.9万人，其中城镇人口年均增长46.6万人，城镇居民口油需求量刚性增长，但受区域经济

发展制约，我省食用植物油压榨企业经营困难重重，产能明显不足，产不足需矛盾依然突出，对外依存度仍然较高。

（四）年末食用植物油库存小幅下降，油料库存有所增加

调查数据显示，2016 年年末，我省食用植物油库存为 × × 万吨，较年初下降 × × 万吨，减幅 × × %①。食用植物油库存减少的原因：一是受省内油脂压榨企业经营困难、市场消费改善不大等因素影响，企业主要以消化库存、以销定购等方式开展经营，加之贸易商进一步拓宽省外销售渠道，我省食用植物油库存下降明显；二是受食用植物油价格持续下行、终端消费平稳等因素影响，从省外购进量较上年减少 × × 万吨，减幅 × × %。

在企业油料库存相对充裕、市场价格持续偏低的情况下，压榨企业开工率不足，油料库存消化缓慢，与此同时，由于市场价格低于种籽农户心理预期，农户普遍存在惜售心态，乡村居民家庭库存有所增加。调查显示，2016 年年底，全省油料库存 × × 万吨，比年初略增 × × 万吨，其中企业库存 × × 万吨，城乡居民家庭库存 × × 万吨。

四、确保我省粮油供需总量平衡的措施

总体来看，目前我省粮食形势是稳定的，近期粮食安全是有保证的。随着人口增长，工业化、城镇化进程加快，我省粮食总供给的增长赶不上总需求的增长，粮食产消与供求矛盾突出。因此为确保我省粮油供需平衡和区域粮食安全，我们将着力做好以下几个方面工作。

（一）加强耕地保护，稳定粮食播种面积和粮食生产能力

随着我省城市建设步伐的加快和产业结构的调整，全省耕地面积呈刚性减少，人口逐年增加，粮食产消缺口不断加大，粮食的隐形安全问题将会逐渐显现。为了保障我省粮食安全，只有对土地有序开发、有效保护耕地面积，同时加大科技投入，不断提高单产水平和粮油产量，才能有效保证粮食安全，真正做到安天下、稳民心。

---

① 省略分品种、分性质情况。——编者注

（二）积极扶持非转基因油料和食用植物油的生产

从近年来调查情况看，我省居民口油消费呈下降趋势，消费者健康食油、少量食油的意识不断增强，对转基因食用植物油的担心也有所上升。而作为我省传统油料种植品种的油菜籽，与进口油菜籽相比具有非转基因、营养健康等优势，市场竞争力较强，花生油、葵花籽油也有着一定的生产基础。为进一步提高我省油料，特别是油菜籽产业的市场竞争力，建议进一步加大对油菜籽的生产扶持力度，稳定油菜籽播种面积，提升油菜籽综合生产能力，并对油菜籽压榨企业技术革新、产业升级等项目，适当予以政策、资金支持，进一步提升我省非转基因菜籽油的市场竞争力。

（三）以“一带一路”放心粮食工程为重点，拓宽产消合作渠道，大力实施项目建设

我省由于耕地面积逐年减少和人口数量逐年增长，粮食生产品种结构不合理，粮食产消缺口呈扩大趋势。近年来，我省大力支持多元市场主体参与粮油经营，积极培育和扶持龙头企业，充分发挥国有粮油企业市场主渠道作用，搞活粮油市场流通。××集团在哈萨克斯坦建设的“一带一路”放心粮食工程项目，实现了粮油原料国外种植、国外初加工、国内精深加工、国内销售的全产业链一体化联动模式，有效拓宽了我省食用油及油料供应渠道。继续深化区产消协作机制，在巩固与河南、黑龙江、青海、新疆、四川、广东已有协作关系的基础上，与其他粮油主产省建立新的合作关系，确保我省粮油架构合理和供需总量平衡。

（四）继续完善储备体系

目前我省地方储备粮油规模已全部落实到位，实际库存粮油数达到历史最好水平。今后将按照粮食安全省长责任制和“粮安工程”要求，进一步优化粮油储备布局和品种结构，搞好轮换经营，降低运作成本，提高调控效率。通过完善粮油储备制度，准确把握储备粮油吞吐调节时机和节奏，确保及时有效地调控市场。

第三节　撰写统计分析报告的步骤

一、明确论点

（一）确立中心观点

统计分析的中心观点，也就是统计分析的主题，是一篇文章的灵魂。选择一个好的主题，对于整篇报告来说，具有提纲挈领的作用。选题的主要原则有：

（1）针对性原则。选好统计分析题目的关键是要抓住“三要点”，即“注意点”“矛盾点”和“发生点”。

1）“注意点”：党政领导比较关注的问题，从“领导想要知道”和“需要领导知道”这两个角度去收集、研究、反馈信息。比如每年夏、秋两季新粮上市后的收购进展、价格走势、是否出现农民“卖粮难”等。

2）“矛盾点”：情况比较突出、影响比较大或争论比较多的问题，一般也就是社会热点、难点问题。

3）“发生点”：尚处于萌芽状态，还未被多数人认识到的问题，也就是通常所说的新情况、新问题。

（2）科学性原则。任何地区的经济社会行为都是整个国民经济和社会发展的一个有机组成部分，任何时候的经济社会现象都不是孤立存在的，在选题时不能就事论事，要注意把眼前的、个别的经济社会情况与全局的发展要求紧密联系起来，与长远的发展目标紧密联系起来，与探索经济社会发展规律紧密联系起来。

（3）可行性原则。在选题时要权衡考虑客观条件和主观素质的限制性因素。从主观上讲，要根据分析研究人员的业务特长和分析研究能力，以及平时的资料积累，扬长避短，量力而行，切忌好高骛远，力求选择适合发展自身特长的课题。从客观上看，则应重点考虑资料的支撑程度和所选课题的研究情况。

（二）拟定文章标题

标题也称为题目，是文章中心内容、基本思想的集中体现，在文章的结构中占有重要的地位。标题的拟定应做到确切、简洁和新颖。确切，是指要准确概括统计分析报告的内容，做到题文相符；简洁，是指要精练、扼要、通俗易懂，以尽可能少的文字来概括全文的内容；新颖，是指要不落俗套，具有鲜明的观点和独特的风格。

（1）标题要论点鲜明，直指中心，让读者通过题目可以一目了然地了解文章的观点。如《玉米收购已超去年总量》这样的题目，就要优于《玉米收购情况分析》这种不温不火的题目。

（2）标题要会抓突出的事实。如《我省粮食加工企业工业总产值突破××亿元大关》《豆油零售价格上涨××%》，这种题目可以快速吸引读者的注意力。

二、设计结构

统计分析报告的结构一般都是按照“提出问题—分析问题—解决问题”的顺序来展开的，大致可分为四个部分：一是说明基本情况和所要分析的问题；二是根据问题和有关资料进行分析；三是通过分析得出结论；四是提出相关建议。

在具体谋篇布局、设计结构时，结构必须围绕主题，紧扣主题且富有逻辑；内容必须服从主题，服务主题且论据充分。文章中的各个段落之间、各标题与主题思想之间一定要有紧密的联系，不能信马由缰，离题万里；各个段落、标题之间一定要有逻辑关系，或并列、或关联，结构紧凑，不能支离破碎，一盘散沙。统计分析报告的结构有横式、纵式和交叉式三种基本类型。

（一）横式结构

按照研究对象的构成和属性来安排材料的方式属于横式结构，其特点是把整体横向展开为几个部分，各个部分之间是并列关系，没有严格的先后次序，然后通过由此及彼的横向联系，共同表现分析对象的整体状况和分析报告的基本观点。

1. 按照研究对象的构成组织结构

这种方式主体部分平等并列，没有轻重主次之分，它们之间的顺序基本上可以任意交换。

2. 按照研究对象的属性组织结构

这种方式是把性质特征相同的材料归为一类，逐类展开，从各个侧面来表现事物的基本情况。虽为并列关系，但有先后次序，一般先主后次，先详后略。这种类型的统计分析报告，一般先讲成绩，再讲存在的主要问题，最后提出建议并对未来进行展望。如《2016 年 × 省粮食产业经济运行状况的初步分析》的统计分析报告，全文可分为“我省粮食产业经济发展的主要成就”“粮食产业经济发展中的主要问题”“展望与建议”三大部分，来展示 × 省粮食产业经济的运行状况。

（二）纵式结构

按照研究对象的发展阶段或内部逻辑关系安排材料的方式属于纵式结构。其特点是把整体纵向展开为几个部分，各部分之间具有发展或递进关系，位置顺序较严格，不可随意交换。

1. 按照研究对象的发展阶段组织结构

这种结构方式一般是按时间顺序组织材料，先发生的事先写，后发生的事后写。

2. 按照研究对象的逻辑关系组织结构

这种结构方式常按各层次之间的逻辑来安排各部分的先后次序，做到由表及里，逐层深入。

（三）交叉式结构

交叉式结构是横式结构和纵式结构的综合。

三、资料收集

（一）利用统计报表

统计人员可通过定期报送的统计报表，直接收集最有利用价值的数据、信息，这是最简单、最直接的方法。统计报表具有连续性、完整性的特点，也为统计人员进行统计分析提供了便利的条件。

在面对统计报表的海量数据时，要对资料去粗取精、去伪存真，要抓住最能揭示问题的统计数据，由表及里、由此及彼，从大量数据中发现问题、寻找矛盾、分析原因、研究规律。

（二）向相关的业务部门询问、收集资料

在粮食统计分析中，经常会使用到相关业务部门统计的数据。比如，常住人口数、行政建制等具体情况，这就需要向专业的统计部门询问。相关业务部门的统计资料更专业、更权威、更全面，为统计分析提供了坚实的保障。

（三）向相关地区收集资料

将不同地区同行的统计资料收集起来，有助于作者将现有的统计数据进行横向比较，对现有统计数据的认识也会更加深刻。

（四）基层调查

通过基层调查，亲自询问相关统计人员在资料的调查、收集、汇总及

上报过程中的问题，既可以了解每一个环节的重点和难点，又可以了解每一个统计数据背后深层次的含义。

四、分析方法

（1）既要看总量，也要看结构。总量分析，最重要的是把握社会总供给与总需求的关系，这一基本的对比关系决定了经济运行的态势，决定了宏观调控的基本取向。结构分析，主要是揭示国民经济内部各主体、各部分、各环节之间的相互联系及对总体经济运行的影响，通过它可以丰富和深化对总量的认识，洞察经济增长方式和形势变化的机理，发现经济运行的深层次矛盾和问题，提高政策的针对性和有效性。有时结构问题比总量问题更重要，一是总量正常并不意味着结构没有问题；二是总量矛盾的发生也可能由结构问题引发；三是总量增长的质量和效益在很大程度上取决于经济结构的改善。

（2）既要看宏观，也要看微观。宏观分析，重点考察国民经济总量怎样形成、是否平衡、向何处发展，考察整体与局部、局部与局部之间相互依存、相互制约的关系。通过综合分析总供求之间的关系，以及消费、投资、进出口、财政收支、货币供应量等宏观经济变量，把握经济运行的总体状况和基本趋势，进而确定宏观调控政策从总体上是松是紧。因此，宏观分析是宏观调控的基本依据。

微观分析，重点考察企业行为、居民行为以及一些有代表性的地区和行业。微观分析是宏观分析的基础，宏观分析对微观分析又具有指导意义。特别要注意认识整体与局部、局部与局部之间的关系，这样才能认清大势，正确判断本地区、本行业、本企业所处的位置和发展态势，才能更好地结合自身实际，选择正确的发展战略和策略，促进自身的持续健康发展。

（3）既要看国内，也要看国际。要关注大宗商品市场，充分考虑我国能源原材料等对外依存度高、受国际市场影响大的客观现实，密切跟踪国际市场粮食、原油、铁矿石、有色金属等的供求情况和价格变化趋势，全面科学评估国际市场大宗商品供求和价格变化对国内价格水平、生产成本、通胀预期、经济安全等方面的影响。

（4）既要看现状，也要看趋势。分析经济形势，既要认清经济运行之“形”，也要把握经济发展之“势”。通过加强趋势分析，能够使我们增强宏观调控的预见性和主动性，恰当把握调控时机。相对于把握现状而言，把握经济发展之“势”更重要也更困难。首先，要加强环比分析。以月度分析为例，同比指标反映的是与上年同月相比的结果，体现了12个月以来经济状况的变化，但不能反映经济运行的最近变化；环比指标反映的是当月相比上月发生的变化，往往具有更早反映经济运行趋势的优势。特别是在经济运行变动迅速的阶段，同比指标与环比指标有时会显示相反的趋势，如果只看同比数字，容易造成误判。其次，要加强增量分析。增量变化是反映趋势变化的重要信号。考察社会资金是否充裕、流动性是否过剩，不仅要看银行贷款余额，更要看新增贷款的规模；考察就业形势，不仅要看全社会就业总量，更要看新增经济活动人口及经济增长能够提供的新的就业岗位。再次，要加强对先行指标的分析。先行指标在宏观经济总体状况发生波动前就出现变动，因而能够预示经济运行的趋势。消费品和原材料新订单、货币供应量、敏感价格、货运量、用电量等，都属于先行指标。总结这些指标的变化规律，对于判断经济运行趋势十分重要。最后，要加强对拐点的研判。在经济周期中，拐点是指经济由上升转为下降的峰值或由下降转为上升的谷底。及时准确判断拐点的到来，对于把握经济走势具有十分重要的意义。

（5）既要做短期分析，也要做长期分析。经济形势分析一般是指短期分析，包括月度、季度和年度分析等。短期分析，主要着眼于当期经济运行状况，特别是暴露出来的新情况、新问题。长期分析，主要着眼于经济运行的基本趋势，考察经济波动中的必然性和规律性。把短期分析放在长期分析的框架中去把握，可以使我们准确地认识经济运行的短期变动因素中哪些是暂时发挥作用的，哪些是持续发挥作用的。把短期分析与长期分析结合起来，既可以不因解决短期问题而影响长期战略，又可以在坚持长期战略的同时，提高政策的针对性和灵活性，妥善解决短期问题，保持经济长期持续稳定发展。

(6) 既要定性分析，也要定量分析。定性分析，主要是通过对经济运行的总体或某个经济现象的基本特征或基本态势作出判断，从而确定宏观调控的取向。定量分析，可以对初步的定性分析结果进行验证和量化，从而形成精确的判断。在这个意义上，定量分析是定性分析的重要支撑。定量分析的效果好坏取决于数据是否可靠，方法是否正确，使用是否得当。在做定量分析时，首先，要对数据的质量进行分析判断。特别要谨慎对待那些容易失真的数据。其次，要科学确定假设前提和参数。一旦假设前提不合理、参数设定不正确，定量分析的结果就可能造成误导。最后，要正确理解和合理使用数据。对一些数量指标，要看到它在可以反映一个经济现象的同时，也有可能掩盖其他方面的情况和问题。

(7) 既要做纵向分析，也要做横向分析。纵向分析，是“瞻前顾后”，即自己与自己比较。既可以与过去一个时点相比，也可以与选定的某个特定时期进行比较，可以考察当前的增长速度与过去相比是高是低、是加快还是放慢，进而验证政策效果是大还是小，总体形势是在改善还是恶化。横向分析，是“左顾右盼”，即自己与别人比较。既包括与其他经济主体相同指标的比较，也包括与相关经济指标的比较。

(8) 既要看现象，更要看本质。经济现象是经济运行内在规律的外在表现，认识经济形势总是从现象入手的。但如果认识止于现象，就会使分析流于表面，难以得到正确的结论。在经济分析时，只有由表及里，深入揭示现象背后的原因，弄清现象之间的内在联系，把握现象发生、发展的规律，才能正确判断经济走势，才能提出行之有效的标本兼治之策。

五、精于修改

好的分析报告开头一般要做到：开门见山，直截了当；高度概括，简明扼要；提纲挈领，统率全文。同时，要注意避免出现以下问题：一是入题慢。这是开头最常犯的毛病，绕来绕去，转了一大圈，才回到正题上来。二是套话多。空话和套话是统计分析报告开头的大忌。三是不考虑阅读对象。报告的开头，不仅要考虑文章的内容，还要考虑写作的目的和阅读对象。

统计分析报告的结尾大致有以下几种写法：一是总结全文，深化主题；二是表明态度，提出建议；三是展望前景，提出看法；四是强调问题，引起重视；五是水到渠成，得出结论；六是呼应开头，首尾圆合；七是对事物未来做出预测。

（一）影响统计分析报告质量的突出问题

（1）脱离统计数字谈问题。统计是用数据来说话的，如果没有统计数据做支撑，就谈不上是统计分析报告。

（2）数字文字化。统计分析不是对统计报表做简单的解释性说明，而是要通过数据揭示内在的规律。如果只是单纯地将数字在文中罗列，缺乏必要的分析，也称不上是统计分析。

（3）重点不突出，分析方法单一。在分析问题的原因时分不清主次，眉毛胡子一把抓，抓不住重点。正确的分析方法应该是：对于重点原因的分析要突出，要深入，要透彻，对于非主要原因可略做交代，对于影响较小的原因可一笔带过或者省略。在统计分析报告中有时大量使用平均数，但平均数在说明一般情况时却掩盖了落后与先进的差距。

此外，有的统计分析报告长篇大论，全是套话。建议提得不具体、不实际，缺乏可操作性。对重大问题、趋势性问题反映滞后。有时在反映本地区、本部门的问题时有顾虑，或轻描淡写或有意避之。

（二）统计分析报告的修改方法

修改统计分析报告所要达到的目的，是使分析报告内容和形式统一。修改的范围应包括五个方面：斟酌主题，增删材料，调整结构，推敲语言，校对数据。修改的方法是“五看”：

一看主题是否符合形势。坚持以正确的舆论导向和正面宣传为主，坚持与时俱进，服务于大政方针和发展战略 。

二看内容是否服从主题。内容围绕观点，观点围绕主题，做到重点突出，主次分明 。

三看结构是否严谨。大小标题之间是否有逻辑关系，段落之间是否衔接，做到脉络清晰，过渡自然 。

四看观点材料是否统一。观点结论是否正确，前后提法是否一致，一定要保证数据准确无误，观点与数据相符，情况与史实相合。

五看语言是否规范。语言通俗简练，言简意赅，表述准确，使人一目了然，不至于产生疑义；语句通顺流畅，主谓搭配得当，动宾使用合理。

第十二章 粮食统计台账

一、粮食统计台账的含义

粮食统计台账指粮食经营企业以统计原始凭证为依据，根据统计核算的要求，将各种分散的原始记录资料按时间顺序系统登记整理的账册。

统计台账是从原始记录到统计报表的中间环节，是汇总、整理、积累统计资料的重要工具，它将分散记载的原始资料，通过分组、归纳、计算、汇总，形成全面系统地反映企业生产经营情况的综合资料，为及时、准确编制统计报表和开展统计分析创造有利条件。统计台账是按时间顺序登记的，对各项业务进行全面、连续的记录，是统计核算的基础，是确保统计数据质量的根基。

二、粮食统计台账的作用

（1）提高粮食原始记录资料的系统化水平。有利于将分散的原始记录资料加以集中，通过随时记录、前后对比，将大量烦琐的原始记录资料整理工作分散在平时完成，按期进行整理，积累历史资料。

（2）提高粮食统计报表的及时性。利用粮食统计台账能及时获得一个报告期内的粮食统计数据资料，随时发生变动，随时登记，便于期末汇总，提高工作效率和报表报送的及时性。

（3）反映粮食企业生产经营活动情况。通过对统计台账的分析，掌握经营管理活动的总体情况，对企业经济运行情况作出判断，为企业制订生产计划、发展规划等生产经营活动提供科学的决策依据。

三、粮食统计台账的构成

粮食统计台账主要由三部分组成：封面、内页及填写说明。

（1）封面：主要包括台账表册名称、企业名称、年度。

（2）内页：主要包括粮油性质、粮油品种、数量单位、业务发生日期、内容摘要、经营指标。

（3）填写说明：主要包括填写范围、填写方式、指标解释等。

统计台账的具体格式由省级粮食行政管理部门根据本省实际情况设计印发，各级粮食行政管理部门要指导下属企业准确、及时填报统计台账，严禁以统计报表代替统计台账。

推进统计信息化进程，鼓励发展电子台账。如企业有专门的软件或电子报表格式，能够涵盖统计台账的内容，可以代替统计台账，不必重复登记。

四、粮食统计台账登录要求

（1）真实性：根据经营发生的原始资料，如实登记台账，不能瞒报、虚报统计数据；统计台账所反映的粮油业务发生的日期、业务类型、数量等项目必须与对应的统计记账凭证保持一致。

（2）完整性：统计台账登录的内容要完整，业务类型要准确填列，不得遗漏。统计期间没有业务发生的，统计台账应按时结转上一统计期间的相关指标和数量。

（3）及时性：统计台账要做到日清月结，每日及时汇总整理统计记账凭证，登录统计台账。

（4）长期性：统计台账要妥善保管，建立备份，保证资料的连续性，保留期限不得少于3年（保留年限的上限由各级粮食行政管理部门自行规定）。

第十三章 国家粮油统计信息系统

第一节 国家粮油统计信息系统概述

一、系统开发建设背景

粮食统计从"电话专线+算盘"到"电话专线+电子计算机"，再到"调制调解器+电子计算机"，目前发展到"互联网+电子计算机+移动通信设备"，走过了一条历经艰难坎坷但前途无限光明之路。

2014 年国家粮食局印发《关于深化粮食流通统计制度改革的实施意见》，提出"归口统计管理、精简统计指标、优化统计报表、夯实统计基础、提高统计效率"的总体思路，按照"统一设计、统一标准、统一调查单位、统一布置"的原则，建成基于互联网的全国统一的统计信息采集报送处理平台。要完善粮食行业统计基本单位信息名录库、定制具有针对性的"一企一表"、由逐级汇总上报转为企业网上直报，必须开发功能强大的粮油统计信息系统。

在此背景下，2015 年 5 月开始了"国家粮油统计信息系统"的开发建设，当年 8 月在 5 个省试运行，2016 年开始在全国范围正式运行。2017 年，为落实全国粮食流通工作会议关于"建立预测预警数据模型和粮食安全决策支持系统"的精神，强化统计分析和服务能力，又对系统进行了二期开发建设。

依托"国家粮油统计信息系统"，建立了包含 6 万多个涉粮企事业单位和 15 万城乡居民户固定调查点的基本信息名录库，采集数据上亿条，为各级粮食行政管理部门开发定制几百个查询模板，粮食流通统计数据库基本建成。

二、系统基本架构

"国家粮油统计信息系统"运用B/S（Browser/Server）网络应用组织架构，即"浏览器+服务器"结构。在这种结构下，用户只需要一款网络浏览器即可进入系统操作，主要事务逻辑在服务器端实现，以浏览器、服务器和数据库形成三层结构。它大大简化了用户的电脑载荷，不必安装客户端，系统维护全部在服务器端进行。

目前市场上主流的网络浏览器均可支持"国家粮油统计信息系统"的运行①，建议使用IE 8.0版本以上的浏览器，兼容效果最佳。

三、系统主要组成

"国家粮油统计信息系统"主要由四大功能构成，一是数据采集报送系统；二是查询系统；三是维护及管理系统；四是包括问卷调查、统计分析报送、统计评分查询等功能在内的其他应用。

维护及管理系统包括指标管理、表样管理、单位维护和操作员管理四部分，其中指标和表样由国家局管理员统一维护，单位和操作员由各级粮食行政部门管理员自行维护。

第二节　单位基本信息表

单位基本信息表相当于入统单位的"身份证"，是其他所有统计报表的基础，关系到入统单位所需填报报表的种类和指标的数量。正确维护单位基本信息表是做好其他统计报表的基础。

---

① 部分浏览器在导出文件或跳转链接时，会屏蔽弹出窗口，需在浏览器设置里将本网站添加为可信任站点。

单位基本信息表原则上每年年初填报一次，可直接在上年报表的基础上修改。年度中，单位基本信息应保持一定的稳定性，不宜经常改变。确需调整的，需逐级上报至省级粮食行政管理部门，由省级粮食行政管理部门向国家粮食和物资储备局提出请求，逐级驳回后进行调整，调整后要及时上报。

一、单位基本信息表的主要内容

（一）单位代码、单位名称和单位类型

1. 单位代码

单位代码需由提出新增申请的操作员在报送“新增单位采集”时编写，具有唯一性，不可和其他单位的代码重复。单位新建成功后，代码不可修改。

2. 单位代码的编写规则

单位代码由10位阿拉伯数字组成，不允许增减数位，不允许出现汉字、字母、标点符号或其他字符。

单位代码由3部分组成：

□□□□□□	□□	□□
行政区划代码	单位类型代码	序号

（1）行政区划代码

单位代码的第1～6位为行政区划代码，使用国家统计局编写的6位编码，可登录国家统计局网站下载。

（2）单位类型代码

单位代码的第7～8位为单位类型代码。

省级行政区划：02

市级行政区划：03

县级行政区划：04

虚拟汇总单位：05

集团：06

企业：07 或 08 或 15、16、17……

省级局机关：09

省级局属事业单位：10

市级局机关：11

市级局属事业单位：12

县级局机关：13

县级局属事业单位：14

提示

单位类型中的“虚拟汇总单位”和人事年报中的“虚拟填报单位”完全不同。“虚拟汇总单位”是针对汇总单位设定的，用于对填报单位的管理。如某市下辖 10 个县，同时还有 10 个直管企业，共 20 个下级单位。如增设“市直报企业”作为虚拟汇总单位，将 10 个直管企业置于“市直报企业”下级，下级单位数量从 20 个减少到 11 个，便于管理。“虚拟填报单位”是针对填报单位设定的，指的是实际并不存在、不需要报送人事年报的单位。

（3）序号

单位代码的第 9～10 位为序号，按 01、02、03……99 排列。

当辖区内企业数超过 99 家时，编码的最后 4 位从 0799 延续至 0800、0801、0802……

当辖区内企业数超过 199 家时，企业编码的最后 4 位从 0899 延续至 1500、1501、1502……直至 9999。

在编写单位代码时，不要重复使用已删除单位的代码，要确保每一个新增单位都使用一个新编的单位代码。

3. 单位名称

单位名称由提出新增申请的操作员在报送“新增单位采集”时录入，

不可在单位基本信息表中修改。

各级机关和事业单位的名称需与组织机构代码证一致，必须翔实、准确，原则上不使用简称。

企业名称需与企业营业执照的名称完全吻合。单位名称中带有括号的，需使用中文（全角）状态下的圆括号“（ ）”，不能使用方括号、六角括号或英文括号。因某些原因，需要在企业名称上添加备注内容，如“集团总部”“代储”等，需以圆括号“（ ）”标注，并添加在末尾，不要插入在企业名称之中。如中粮贸易有限公司（本部）、上海良友（集团）有限公司（本级）等。

各级粮食行政管理部门可使用“单位维护”—“主单位树修改单位名称”的功能修改单位名称。单位名称修改只影响单位树上显示的名称，单位基本信息表中的名称不会即时更新，需在驳回单位基本信息表后才会自动更新，保持与单位树的一致。

4. 单位类型

单位类型在新建单位时给定，不可在单位基本信息表中修改。单位类型的修改，须由省级管理员报国家局管理员修改。

单位类型中，属于汇总单位类型的有：省级行政区划、市级行政区划、县级行政区划、虚拟汇总单位、集团；属于填报单位类型的有：企业、省局机关、省局属事业单位、市局机关、市局属事业单位、县局机关、县局属事业单位。

（二）单位性质、单位主要业务、企业经营类型和品种

1. 单位性质

单位性质指单位的登记注册类型，分为：①行政机关；②参公管理事业单位；③非参公管理事业单位；④国有及国有控股企业；⑤内资非国有企业；⑥港澳台商及外商企业。

单位性质的可选项由单位类型决定，见表 13 –2 –1。

表 13－2－1　单位类型与单位性质的对应关系

单位类型	单位性质
国家、省级行政区划、市级行政区划、县级行政区划、虚拟汇总单位	空（不可选）
国家局机关、省级局机关、市级局机关、县级局机关	行政机关、参公管理事业单位、非参公管理事业单位
国家局属事业单位、省级局属事业单位、市级局属事业单位、县级局属事业单位	参公管理事业单位、非参公管理事业单位
集团、企业	国有及国有控股企业、内资非国有企业、港澳台商及外商企业

2. 单位主要业务

单位主要业务分为：①行政管理；②粮油质检；③粮油科研；④粮食经营及加工；⑤食用植物油及油料经营及加工；⑥粮油转化；⑦中央储备粮承储；⑧地方储备粮承储；⑨粮油机械制造；⑩其他。单位主要业务可以多选。

单位主要业务的可选项由单位类型决定，见表 13－2－2。

表 13－2－2　单位类型与单位主要业务的对应关系

单位类型	单位主要业务
国家、省级行政区划、市级行政区划、县级行政区划、集团、虚拟汇总单位	空（不可选）
国家局机关、国家局属事业单位、省级局机关、省级局属事业单位、市级局机关、市级局属事业单位、县级局机关、县级局属事业单位、	行政管理、粮油质检、粮油科研、其他
企业	粮食经营及加工、食用植物油及油料经营及加工、粮油转化、地方储备粮承储、粮油机械制造、其他①

① 纳入统计范围的非涉粮企业，单位主要业务可以选择“其他”，主要指的是粮食行政管理部门管理的酒店、餐厅等企业。此外，大型粮食集团的总部，只有管理业务，没有粮食经营业务的，单位主要业务也可以选择“其他”。

单位主要业务选定后，如需修改，应在“追加单位主要业务”指标项下修改，且只能在已选择的基础上增加选项，不能减少①。

3. 企业经营类型

企业经营类型分为：①粮油收储企业；②粮油批发市场；③超市；④小麦粉加工企业；⑤大米加工企业；⑥其他成品粮加工企业；⑦食用植物油加工企业；⑧食品及副食酿造企业；⑨制酒企业；⑩饲料企业；⑪养殖企业；⑫淀粉企业；⑬酒精企业；⑭其他粮油深加工企业；⑮粮油机械制造企业。企业经营类型可以多选。

企业经营类型的可选项由单位主要业务决定，见表13－2－3。

表13－2－3　单位主要业务与企业经营类型的对应关系

单位主要业务	企业经营类型
空、行政管理、粮油质检、粮油科研、其他	空（不可选）
粮食经营及加工	粮油收储企业、粮油批发市场、超市、小麦粉加工企业、大米加工企业、其他成品粮加工企业
食用植物油及油料经营与加工	粮油收储企业、粮油批发市场、超市、食用植物油加工企业
粮油转化	食品及副食酿造企业、制酒企业、饲料企业、养殖企业、淀粉企业、酒精企业、其他粮油深加工企业
地方储备粮承储	粮油收储企业
粮油机械制造	粮油机械制造企业

① 单位主要业务如果多选了错误选项，不用急于修改。单位主要业务不影响报表格式，只要确保企业经营类型选择正确即可。如需去掉多余的选项，需联系省级管理员，报国家局管理员修改。

企业经营类型选定后，如需修改，应在“追加企业经营类型”指标项下修改，且只能在已选择的基础上增加选项，不能减少①。

“企业主要经营类型”为单项选择，且必须从“企业经营类型”中的已选项中做出选择。企业主要经营类型为企业分类的重要标识之一，表示该企业的核心业务。

4. 企业经营品种

企业经营品种分为：①小麦；②小麦粉；③早籼稻；④早籼米；⑤中晚籼稻；⑥中晚籼米；⑦粳稻；⑧粳米；⑨玉米；⑩高粱；⑪大麦；⑫谷子；⑬其他谷物；⑭大豆；⑮其他豆类；⑯马铃薯；⑰其他薯类；⑱菜籽油及油菜籽；⑲花生油及花生果；⑳豆油；㉑棉籽油；㉒棕榈油；㉓葵花油及葵花籽；㉔油茶籽油；㉕芝麻油及芝麻；㉖玉米油；㉗米糠油；㉘调和油；㉙其他油及其他油料。企业经营品种可以多选。

企业经营品种的可选项由企业经营类型决定，见表 13－2－4。

表 13－2－4　企业经营类型与企业经营品种的对应关系

企业经营类型	企业经营品种
空、粮油机械制造企业	空（不可选）
粮油收储企业、粮油批发市场、超市、食品及副食酿造企业、饲料企业、养殖企业、淀粉企业、酒精企业、其他粮油深加工企业	全部
小麦粉加工企业	小麦、小麦粉
大米加工企业	早籼稻、早籼米、中晚籼稻、中晚籼米、粳稻、粳米
其他成品粮加工企业	玉米、高粱、大麦、谷子、其他谷物、大豆、其他豆类、马铃薯、其他薯类

---

① 企业经营类型与报表格式密切相关，如果多选了错误选项，需尽快上报至省级管理员。省级管理员需切实了解该企业的实际经营情况，判断是否属于误选，是否需要修改。确需修改的，要对该企业的历史数据进行查询，与误选的企业经营类型相关的指标确实没有填过数据的，可以提请国家局管理员去掉多余的企业经营类型。

续 表

企业经营类型	企业经营品种
食用植物油加工企业	大豆、菜籽油及油菜籽、花生油及花生果、豆油、棉籽油、棕榈油、葵花油及葵花籽、油茶籽油、芝麻油及芝麻、玉米油、米糠油、调和油、其他油及其他油料
制酒企业	小麦、小麦粉、早籼稻、早籼米、中晚籼稻、中晚籼米、粳稻、粳米、玉米、高粱、大麦、谷子、其他谷物、大豆、其他豆类、马铃薯、其他薯类

企业经营品种选定后，如需修改，应在“追加企业经营品种”指标项下修改，且只能在已选择的基础上增加选项，不能减少①。

（三）上级集团（公司）

指该单位所属的上级集团（公司），只能从已经建立的单位类型为“集团”的单位中选择。该指标的选择关系到上级集团（公司）能否使用“集团查询”的功能查看到该单位的数据。在选择“上级集团（公司）”的时候，需要注意以下两点：

（1）存在集团嵌套关系的要选择全部的上级集团（公司）。如果企业的上级集团存在多级嵌套关系，即集团的上级仍是集团的，需要选择所有的上级集团。例如，中粮集团有限公司的层级关系如图 13－2－1所示：

中国粮油控股有限公司（本部）和中粮国际（北京）有限公司在选择“上级集团（公司）”时，需要同时选择“中粮集团有限公司”和“中国粮油控股有限公司”。

① 企业经营品种与报表格式密切相关，如果多选了错误选项，需参照“企业经营类型”的修正方法，尽快修正。

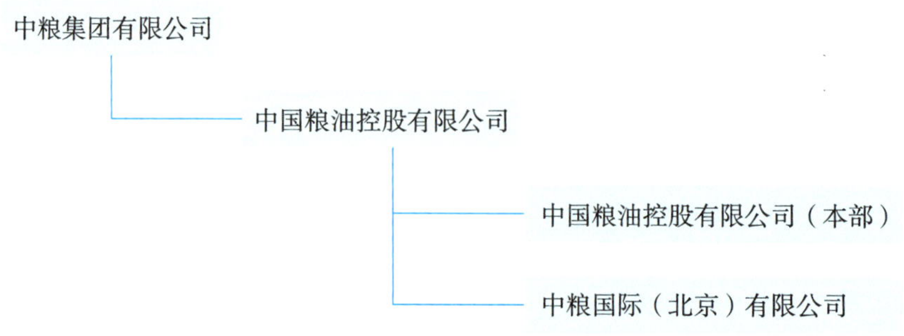

图 13－2－1　集团嵌套组织关系

（2）企业可以从属于多个不同的集团。例如，黑龙江某企业是“北大荒粮食集团有限公司”的下属企业，同时该企业又是省级储备粮的承储企业，省级储备粮需要由“黑龙江地方储备粮有限责任公司”管理，那么该企业就要在“上级集团（公司）”中同时选择“北大荒粮食集团有限公司”和“黑龙江地方储备粮有限责任公司”。两个上级集团均可通过集团查询的功能查看该企业的数据。

（四）其他

单位基本信息表中的其他指标，如联系人姓名、联系人电话、办公地址、邮政编码等，按实际情况填写即可。

二、单位基本信息表与报表指标的对应关系

单位基本信息表关系到该单位在各类报表中需填报的指标，只有与单位基本信息有关的指标才会出现在填报表中，无关指标自动隐藏。

（一）单位类型与粮食从业人员情况年报表的关系

在粮食从业人员情况年报表（见表 13－2－5）中，“长期职工按人员类别划分”下的“公务员”“事业单位管理人员”和“企业经营管理人员”三个指标与单位类型有关。

省（市、县）局机关和下属事业单位，填报表样不显示“企业经营管理人员”。

企业填报表样不显示“公务员”和“事业单位管理人员”。

此外，省（市、县）局机关需要填报“粮食局机关现状”，其他单位不显示。

表 13－2－5　　粮食从业人员情况年报表与单位类型对应表

粮食从业人员情况年报表指标	单位类型
长期职工按人员类别划分	—
公务员	省（市、县）局机关、省（市、县）局属事业单位
事业单位管理人员	
企业经营管理人员	企业
粮食局机关现状	省（市、县）局机关
粮食局机关现状	
被合并（代管）部门	
被合并（代管）的部门全称	

未列入表中的指标，表示所有单位都需要填报。

（二）单位主要业务与地方储备粮收支平衡表的关系

企业在“单位主要业务”项选择了“地方储备粮承储”后，方可填报省、市、县三级的地方储备粮收支平衡月（年）报表及地方储备粮规模库存年报表。没有选择“地方储备粮承储”的企业，不显示上述报表。

（三）企业经营类型与商品粮食收支平衡表的关系

（1）企业经营类型选择小麦粉加工企业、大米加工企业、其他成品粮加工企业时，可填报“加工成品收回”和“加工原料付出”指标。

（2）企业经营类型选择食用植物油加工企业时，可填报“加工成品收回”“加工原料付出”“制成调和油”“配制调和油”指标。

（3）企业经营类型选择饲料企业、养殖企业时，可填报“饲料用粮油”指标。

（4）企业经营类型选择淀粉企业时，可填报“淀粉用粮油”指标。

（5）企业经营类型选择酒精企业时，可填报“酒精用粮油”指标。

（6）企业经营类型选择食品及副食酿造企业时，可填报“食品及副食酿造业用粮油”指标。

（7）企业经营类型选择制酒企业时，可填报“制酒用粮”指标。

（8）企业经营类型选择其他粮油深加工企业时，可填报“其他工业用粮油”指标。

见表 13－2－6。

表 13－2－6　商品粮食收支平衡月报表与企业经营类型对应表

商品粮食收支平衡月报表指标	企业经营类型
加工成品收回 加工原料付出	小麦粉加工企业、大米加工企业、 其他成品粮加工企业、食用植物油加工企业
制成调和油 配制调和油	食用植物油加工企业
转化用粮油	—
饲料用粮油	饲料企业、养殖企业
工业用粮油	—
淀粉用粮油	淀粉企业
酒精用粮油	酒精企业
食品及副食酿造业用粮油	食品及副食酿造企业
制酒用粮	制酒企业
其他工业用粮	其他粮油深加工企业

未列入表中的指标，表示单位树上的所有企业都需要填报。

需要特别注意的是，影响商品粮食收支平衡月报表指标的是“企业经营类型”，而非“企业主要经营类型”。例如，某企业的企业经营类型选择了“粮油收储企业、小麦粉加工企业”，主要经营类型选择了“粮油收储企业”，该企业的报表中仍会出现“加工成品收回”和“加工原料付出”指标。

（四）企业经营类型与产业经济季报表的关系

（1）企业经营类型选择小麦粉加工企业时，可填报“专用粉”“全麦粉”“食品工业用粉”“民用粉”指标。

（2）企业经营类型选择大米加工企业时，可填报“大米（含二次加工）”“非传统食用大米”分类下的指标。

（3）企业经营类型选择其他成品粮加工企业时，可填报“玉米面和玉米糁”“成品杂粮及杂粮粉”分类下的指标。

（4）企业经营类型选择食用植物油加工企业时，可填报分品种的“精炼食用植物油”分类下的指标。

（5）企业经营类型选择食品及副食酿造企业时，可填报“食品及副食酿造产品”分类下的指标。

（6）企业经营类型选择制酒企业时，可填报“制酒酿造”分类下的指标。

（7）企业经营类型选择饲料企业时，可填报“饲料”分类下的指标。

（8）企业经营类型选择淀粉企业时，可填报“商品淀粉”分类下的指标。

（9）企业经营类型选择酒精企业时，可填报“酒精”分类下的指标。

（10）企业经营类型选择其他粮油深加工企业时，可填报“粮食深加工产品”分类下的其他指标。见表 13－2－7。

表 13－2－7　　产业经济季报表与企业经营类型对应表

产业经济季报表指标	企业经营类型	产业经济季报表指标	企业经营类型
成品粮油产量	—	饲料[①]	饲料企业
小麦粉[②]	小麦粉加工企业	粮食深加工产品	—

① 含配合饲料、预混合饲料、浓缩饲料、其他饲料。

② 含专用粉、全麦粉、食品工业用粉、民用粉。

续 表

产业经济季报表指标	企业经营类型	产业经济季报表指标	企业经营类型
大米（含二次加工）	大米加工企业	商品淀粉	淀粉企业
非传统食用大米		淀粉糖	其他粮油深加工企业
玉米面和玉米糁	其他成品粮加工企业	多元醇	
成品杂粮及杂粮粉		酒精	酒精企业
精炼食用植物油[①]	食用植物油加工企业	氨基酸	其他粮油深加工企业
食品及副食酿造产品	食品及副食酿造企业、制酒企业	有机酸	
主食产量[②]	食品及副食酿造企业	其他发酵制品	
制酒产品	制酒企业	大豆蛋白	
其他食品及酿造产品	食品及副食酿造企业	谷朊粉	
—	—	其他深加工产品	

未列入表中的指标，表示单位树上的所有企业都需要填报。

（五）企业经营类型与产业经济年报表的关系

（1）企业经营类型选择小麦粉加工企业时，可填报“成品粮油加工”下的“日处理小麦”指标。

（2）企业经营类型选择大米加工企业时，可填报“成品粮油加工”下的“日处理稻谷”指标。

（3）企业经营类型选择其他成品粮加工企业时，可填报“成品粮油加工”下的“日处理玉米”“日处理杂粮及薯类”指标。

（4）企业经营类型选择食用植物油加工企业，可填报“成品粮油加工”下分品种的“日处理油料”“日精炼油脂”“日调配制成调和油”“日灌装小包装油脂”指标。

① 含大豆油、棕榈油、菜籽油、花生油、玉米油、米糠油、葵花籽油、木本植物油、油茶籽油、其他食用植物油。

② 含馒头、挂面、鲜湿面、方便面、方便米饭、米粉（线）、速冻米面制主食。

（5）企业经营类型选择食品及副食酿造企业，可填报“粮油食品加工”下的“日处理粮食”“日处理油料”“日产主食食品”指标。

（6）企业经营类型选择饲料企业和养殖企业的，可填报“日饲料生产能力”和“饲料加工”下的分品种“日处理粮食”指标。

（7）企业经营类型选择淀粉企业、酒精企业和其他粮油深加工企业时，可填报分品种的“粮食深加工”指标。

（8）企业经营类型选择粮油机械制造企业的，可填报“实际产量及规模”下的“粮油机械制造”指标。

（9）企业经营类型选择小麦粉加工企业、大米加工企业、其他成品粮加工企业和食用植物油加工企业的，可填报“年度能源消耗”下的指标，其中食用植物油加工企业可填报“溶剂”指标。见表13－2－8。

未列入表中的指标，表示单位树上的所有企业都需要填报。

表13－2－8　　产业经济年报表与企业经营类型对应表

<table>
<tr><th>产业经济年报表指标</th><th>企业经营类型</th><th>产业经济年报表指标</th><th>企业经营类型</th></tr>
<tr><td>设计生产能力</td><td>—</td><td rowspan="4">粮食深加工</td><td rowspan="4">淀粉企业、
酒精企业、
其他粮油
深加工企业</td></tr>
<tr><td>成品粮油加工</td><td>—</td></tr>
<tr><td>日处理小麦</td><td>小麦粉加工企业</td></tr>
<tr><td>日处理稻谷</td><td>大米加工企业</td></tr>
<tr><td>日处理玉米</td><td rowspan="2">其他成品粮
加工企业</td><td>实际产量及规模</td><td>—</td></tr>
<tr><td>日处理杂粮及薯类</td><td>粮油机械制造</td><td>粮油机械制造企业</td></tr>
<tr><td>日处理油料</td><td rowspan="4">食用植物油
加工企业</td><td>年度能源消耗</td><td>—</td></tr>
<tr><td>日精炼油脂</td><td>电</td><td rowspan="4">小麦粉加工企业、
大米加工企业、
其他成品粮加工企业、
食用植物油加工企业</td></tr>
<tr><td>日调配制成调和油</td><td>水</td></tr>
<tr><td>日灌装小包装油脂</td><td>标准煤</td></tr>
<tr><td>粮油食品加工</td><td>食品及副食
酿造企业</td><td>天然气</td></tr>
<tr><td>饲料加工</td><td>饲料企业、养殖企业</td><td>溶剂</td><td>食用植物油加工企业</td></tr>
</table>

（六）企业经营品种与报表品种的关系

在商品粮食收支平衡表、地方储备粮油收支平衡表、地方储备规模库存年报表中，需填报的品种指标根据“企业经营品种”生成，未选择的品种不会出现在报表中。

第三节 单位维护

一、单位树的概念

单位树，顾名思义，是将纳入统计范围的单位以树形结构组织在一起的一种展现形式。单位树上居于顶层的单位为单位树的“根”，一个“根”上可以延伸出多个分支，每个分支节点可以继续延伸下级分支，直至最末一级；单位树上的末级单位相当于树上的叶子，也称为“叶子节点”。

每个单位由于权限不同，看到的单位树都是以本单位为“根”，涵盖本单位及全部下属单位。对于末级单位而言，只有本单位一个“叶子节点”，也就不存在单位树的概念了。

根据单位树的概念，可将入统单位分为“汇总单位”和“填报单位”。“汇总单位”指在单位树上至少存在一个下级单位，其数据一般情况下通过汇总下级单位的数据得出。“填报单位”指单位树上的叶子节点，没有下级单位，其数据通过填报得出。

根据单位类型，属于汇总单位的有：省级行政区划、市级行政区划、县级行政区划、集团、虚拟汇总单位；属于填报单位的有：国家局机关、国家局属事业单位、省局机关、省局属事业单位、市局机关、市局属事业单位、县局机关、县局属事业单位、企业。

二、单位树的分类

按照不同的报表种类，单位树主要可分为企业单位树和城乡居民户单位树两种。

（一）企业单位树

企业单位树又分为主单位树、流转统计单位树、产业经济单位树、仓储设施单位树、投资统计单位树、科技统计单位树、价格监测单位树和收购进度单位树。其中，主单位树是最为基本的单位树，其他的单位树都是从主单位树上衍生出来的。

主单位树是涵盖所有入统单位的单位树，包括各级行政区划、机关和企事业单位。

此外，如遇临时性统计工作，可以根据实际情况增加临时的单位树。

（二）供需平衡调查单位树

供需平衡调查单位树包括城乡居民固定调查点和辖区概况表单位树。城乡居民固定调查点单位树是每一户城乡居民，辖区概况表单位树是各级省、市、县行政区划。

各类报表与单位树之间的对应关系见表 13－3－1。

表 13－3－1　　各类报表与单位树之间的对应关系

单位树名称	报表名称
主单位树	单位基本信息表、从业人员统计年报表
其中：流转统计单位树	商品粮油收支平衡月（年）报表、 地方储备收支平衡月（年）报表、地方储备规模库存年报表
产业经济单位树	产品产量及库存季报表、产业经济统计年报表

续 表

单位树名称	JZ 报表名称
仓储设施单位树	仓储设施统计年报表
投资统计单位树	基础设计建设投资统计年报表
科技统计单位树	粮油科技统计年报表
价格监测单位树	粮油市场监测周报表
收购进度单位树	粮油收购进度五日报表

三、单位树的维护

（一）企业单位树的维护

1. 主单位树的维护

主单位树由国家局管理员负责维护。

（1）主单位树新增单位

需要在主单位树上新增的企业，由县级管理员通过“单位维护”—“新增企业采集”功能填报。

“新增企业采集”仅用来报送新增企业，新增其他类型的单位，无论其他填报单位还是汇总单位，均须由省级管理员联系国家局管理员单独报送。

（2）主单位树删除、移动单位

国家局管理员不定时通知各地报送需要删除或移动的单位，由省级管理员收集、审核、汇总，报国家局管理员进行删除单位和移动单位的操作。

2. 流转统计单位树、产业经济单位树、仓储设施单位树的维护

流转统计单位树、产业经济单位树、仓储设施单位树是根据企业经营类型，从主单位树上自动关联生成的，各级粮食行政管理部门均没有维护权限。

（1）从主单位树自动关联的规则

粮油收储企业不关联产业经济单位树；粮油批发市场、超市不关联产业经济单位树和仓储设施单位树；粮油机械制造企业不关联流转统计单位树、仓储设施单位树，见表 13－3－2。

如某县在主单位树上有 A、B、C、D 四个企业，其企业经营类型分别为：

企业 A——粮油收储企业

企业 B——粮油收储企业、小麦粉加工企业

企业 C——粮油机械制造企业

企业 D——粮油批发市场

按照对应规则，该县的流转统计单位树关联企业 A、B、D，产业经济单位树关联企业 B、C，仓储设施单位树关联企业 A、B。

表 13－3－2　企业经营类型与单位树的对应关系

企业经营类型	对应的单位树
粮油收储企业	流转、仓储
粮油批发市场、超市	流转
小麦粉加工企业、大米加工企业食用植物油加工企业、其他成品粮加工、饲料企业、养殖企业、食品及副食酿造企业、淀粉企业、制酒企业、酒精企业、其他粮食深加工企业	流转、产业经济、仓储
粮油机械制造企业	产业经济

（2）自动关联的时间

系统在每日凌晨 0：00 对流转统计单位树、产业经济单位树、仓储设施单位树进行自动关联，当日修改过企业经营类型的企业，将于次日被关联到对应的单位树上。

（3）自动关联的注意事项

企业自动关联的前提是，该企业在主单位树上的直属上级单位，必须已经出现在对应的单位树上，自动关联才能成功。

例如，某市在主单位树上新增了“直报市局企业”作为虚拟汇总单位，并在其下新增了企业 A，维护了企业 A 的单位基本信息表，其企业经营类型为粮油收储企业。此时，由于“直报市局企业”尚未被关联到流转统计和仓储设施的单位树上，企业 A 也不会自动关联到对应的单位树上。这种情况下，完成企业 A 的单位基本信息维护后，须联系国家局管理员，国家局管理员将根据企业 A 的经营类型，将“直报市局企业”和企业 A 同时关联到对应的单位树上。此后，县级管理员通过“新增单位采集”在“直报市局企业”这个虚拟单位下报送的新增单位，就能成功关联到流转统计和仓储设施的单位树上。

因此，当发现某企业没有成功自动关联时，请先检查该企业在主单位树上的直属上级单位是否已经关联到对应的单位树上。

3. 投资统计单位树、科技统计单位树

投资统计单位树、科技统计单位树由各级粮食行政管理部门自行维护，但必须从主单位树关联创建，不允许新增单位。

没有基础设施投资建设或没有科研项目的单位，各级粮食行政管理部门可自行将其从单位树上删除，避免造成单位冗余，为报送制造不必要的麻烦。

原则上，投资统计单位树和科技统计单位树的组织结构应该和主单位树一致，如果发现不一致的，需要从投资统计单位树或科技统计单位树上删除，然后重新关联创建①。

4. 其他单位树

价格监测单位树、收购进度单位树均由国家局管理员维护，由省级管理员提出维护需求。

（二）供需平衡调查单位树

1. 城乡居民固定调查点单位树

城乡居民固定调查点的新增、删除，均由各级粮食行政管理部门自行

---

① 从单位树上删除单位不会删除数据，重新关联创建后，所有数据依然可以查询。

维护。新增、删除固定调查点的方式有以下两种。

（1）逐个操作

进入“单位维护”—“居民户固定调查点维护”功能，选中需要新增居民户的单位（通常为县级行政区划），然后点击“新建”按钮，录入居民户代码、户主姓名，选择居民户类型即可。

逐个删除的操作相同。

在实际操作中，如果发现某行政区划下无法新建居民户，请联系省级管理员使用“行政区划新建居民户权限”功能，查看该行政区划“是否可新建下级居民户”一项是否为“是”。

如需新增行政区划，请联系省级管理员报国家局管理员处理。

（2）批量新增

进入“单位维护”—“批量新增调查户”功能，选中需要新增居民户的单位（通常为县级行政区划），在界面右侧逐行录入居民户代码、户主姓名，选择居民户类型，然后点击“保存”按钮即可。系统于每日凌晨0：00 自动新增，没有新增成功的会在最后一列注明。

批量删除的操作相同。

2. 辖区概况表单位树

由国家局管理员维护，省级管理员提出维护需求。

附：

新增企业采集报送方法

一、概要

该功能主要用于报送需要新增的入统单位，功能点在“单位维护”板块下。

二、界面布局

界面左侧为主单位树，右侧展示上报的新增单位列表，上方为功能菜单。

三、新增企业的录入

（一）选择新增企业所属的上级单位

录入新增企业时，首先需要在左侧的主单位树上，选择该新增企业所属的上级单位。

县级行政区划用户新增企业时，在单位树上点选本单位即可。省级（市级）行政区划用户代下级填报新增企业信息时，需在主单位树上点选新增企业所属的上级单位。例如，在河北省石家庄市正定县下级新增一家企业时，需要在单位树上点选“正定县”。

新增企业的上级必须是县级行政区划、集团或者虚拟汇总单位。如在主单位树上点选的是市级（或省级）行政区划，“保存”按钮不可用；如点选填报单位，系统将弹出对话框提示“没有可展示的表样”。

不可在省级（市级）行政区划下新建直属下级企业，省级（市级）直属企业一律按属地原则新增至县级行政区划下，或者以“集团”方式、“虚拟汇总单位”方式管理。

（二）录入单位代码和单位名称

新增企业代码和名称需要手工录入。

一次报送 1 个以上新增单位的，需使用“插行”按钮增加一条记录行；也可以在“插行”按钮前的下拉菜单中选择需要增加的行数（默认为“1 行”），再点击“插行”按钮，可一次性插入多行。

（三）上传营业执照图片

每个新增企业都必须将营业执照的照片或扫描件以附件形式上传。上传的图片需为 jpg 或 png 格式，单张图片大小不超过 2M。每个新增单位只能上传一张图片附件。

上传的营业执照图片应确保足够的清晰度。

附件上传成功后，“营业执照”单元格内会显示“1 个附件”字样。如附件上传后“营业执照”单元格仍为空，表示附件上传不成功，建议更换浏览器重新上传。

（四）上级单位备注

此单元格仅供具有嵌套关系的集团或虚拟汇总单位备注上级单位使用，一般情况下不需填写。具体填写规则见“集团和虚拟汇总单位新增下级单位特别注意事项”。

（五）保存

新增企业录入完成后需点击“保存”按钮，系统将自动生成“上级单位代码”“上级单位名称”和“单位类型”。“上级单位代码”“上级单位名称”即为左侧单位树上选择的单位，“单位类型”固定为“企业”。

四、新增单位的校验、上报和汇总

（一）信息校验

“信息校验”将审核录入的单位信息是否合乎要求，主要是：

（1）单位代码必须为10位阿拉伯数字，不可出现字母、汉字、符号。

（2）单位名称不能为空。

（3）营业执照必须上传1个附件。

（二）上报

新增单位录入并保存完毕后，点击“上报”按钮报送至上级单位。在上报前，系统会自动进行信息校验。

上报后如发现错误，可联系上级单位请求驳回。上报、驳回、数据确认的流程与其他报表相同。

（三）汇总下级单位信息

省级（市级）行政区划可使用“汇总下级单位信息”按钮，将已经确认的直属下级单位报送的新增单位信息逐条汇总。

省级（市级）行政区划上报时，所有直属下级应为“已确认”或“未报送”状态。

五、集团和虚拟汇总单位新增下级单位特别注意事项

（一）省级（市级）行政区划下辖的集团（虚拟汇总单位）

这一类集团（虚拟汇总单位）的下级中仍有集团（虚拟汇总单位），构成集团嵌套关系的，新增下级单位时，必须在单位树上选择最上级的集团（虚拟汇总单位），然后录入新增单位信息。需要注意的是，这里指的是单位树上的直观上级（即存在数据汇总关系的上级），而非按集团查询的虚拟上级。

如下为组织机构结构图（见图 13－3－1）中，可以点选“总集团”，然后录入新增单位信息“企业 A”。

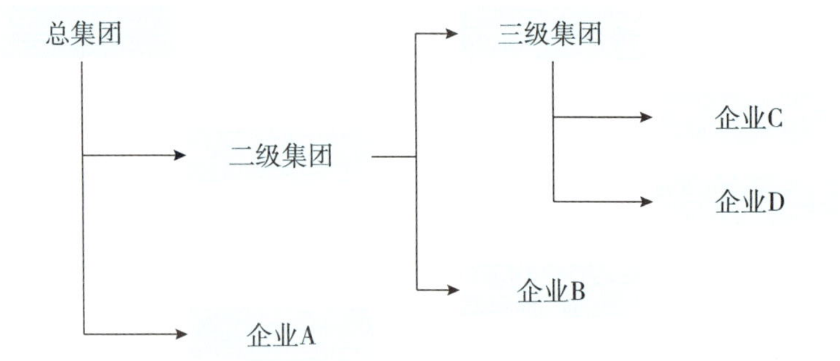

图 13－3－1　集团嵌套模式下新增企业

此时，新增企业默认的上级单位为“总集团”，是一个和“二级集团”平级的单位。

如“总集团”拟新建“二级集团”的下级单位，设为“企业 B”，作为和“三级集团”并列的下级单位，则需在新增单位采集表的最后一列“上级单位备注”一项中，选择“二级集团”。如果不选择，新建单位默认作为“总集团”的直接下级。

13

同理，如果拟新建“企业 D”作为“三级集团”的下级单位，和“企业 C”并列，则需在新增单位采集表的最后一列“上级单位备注”一项中，选择“三级集团”。

因为集团（虚拟汇总单位）是新增单位采集的填报单位，所以必须

由最上级集团统一填报，通过“上级单位备注”注明实际所属的上级集团。如图 13－3－1 所示，若“二级集团”填报了新增单位采集信息，因为“总集团”无法汇总，录入的新增单位就不能上报，等于无效录入。

（二）县级行政区划下辖的集团（虚拟汇总单位）

如集团（虚拟汇总单位）在县级行政区划下，拟在该集团（虚拟汇总单位）下新增单位，须由县级行政区划用户统一录入，不得由集团录入。因为县级行政区划是新增单位采集的填报单位，无法汇总，集团录入的新增单位等于无效录入。同样，应通过“上级单位备注”注明新增单位所属的上级。

六、新增单位采集的报送时限

“新增单位采集”采取月报形式，每月报送一次。每月 20 日（逢节假日顺延）后国家局统一导入系统。

第四节 操作员管理

操作员指各单位实际使用软件的人员，同一个单位可以有多个操作员。通过操作员管理可以对操作员进行任务分工，将某一类型的报表交由某一个或几个操作员专门负责。

一、操作员的分类

软件的操作员一共分为三种。

（一）管理员

每个单位在新建时自动生成一个该单位的管理员账号。管理员账号的登录名与单位组织代码相同，用户名与单位名称相同，每个单位有且仅有一个管理员账号。单位管理和操作员管理功能模块仅对管理员账号生效。

（二）审核角色

审核角色按照报表类型分为“粮食从业人员情况审核”“粮食企业仓储设施统计审核”等，各个角色之间可以交叉和重叠。

每种报表的审核角色，在处理此类报表时拥有的权限与管理员完全相同，可以完成数据录入、校验、上报、审核、驳回、汇总等所有操作。审核角色对报表进行“上报”后，管理员无须重新上报。

（三）查看角色

查看角色按照报表类型分为“粮食从业人员情况查看”“粮食企业仓储设施统计查看”等，各个角色之间可以交叉和重叠。查看角色只能查询本类报表的数据，不能对数据进行修改。

二、操作员的新建

在操作员管理界面下，可为本级或下级单位新建操作员。

新建操作员时，需要先录入操作员的基础信息，包括登录名、用户名、密码、所属单位等。

登录名：登录名即通过登录界面登录系统时输入的代码，由数字或字母组成。登录名是操作员唯一标识码，不可与其他操作员重复。

用户名：用户名即显示在首页左下角的名称，可由汉字、数字或字母组成。用户名可以与其他操作员的用户名重复。

所属单位：通过更改所属单位，上级单位可为下级单位建立操作员。在实际使用中，一定要注意操作员的所属单位是否选择正确。

三、操作员角色

操作员的角色即操作员的任务分工。操作员负责何种类型的报表、是否有修改数据的权限，通过角色关联进行分配。

在分配角色时，一定要注意“汇总单位审核角色”和“填报单位角色”的区别。汇总单位需要分配审核角色，填报单位只能分配填报角色。角色分配错误，将影响用户登录系统后的界面。

提示

如果汇总单位的操作员在打开报表时，界面左侧不显示单位树，说明该操作员角色分配有误。汇总单位应分配审核角色，错误分配了填报角色。

操作员角色的分配还要考虑到所属单位需报送报表的种类。如某企业为“粮油机械制造企业”，不关联流转统计和仓储设施统计的单位树，就不需要为其分配对应的填报角色；如果分配了角色，该企业的系统首页会显示报表图标，但无法进入。

第五节 报表录入及报送

一、系统登录

系统登录界面的打开方式有以下两种。

（一）通过 IP 地址（互联网协议地址）登录

打开浏览器，输入以下地址：http：//123. 124. 142. 130：8001。

地址中的“. ”“：”请务必在英文输入法状态下输入。

按“Enter”（回车）键进入登录页面。

（二）通过国家粮食和物资储备局政府网主页链接登录

打开浏览器，输入以下地址：http：//www. lswz. gov. cn。

在“在线办事”板块下找到“国家粮油统计信息系统”，如图 13－5－1 所示，点击鼠标，进入登录界面。

企业用户在登录界面中输入用户名、密码后，点击“登录”按钮，直接登录系统。各级粮食行政管理部门用户登录时，输入用户名、密码后，还须另外输入手机验证码。如密码遗失，或收不到验证码，请联系本单位或上级单位的系统管理员。

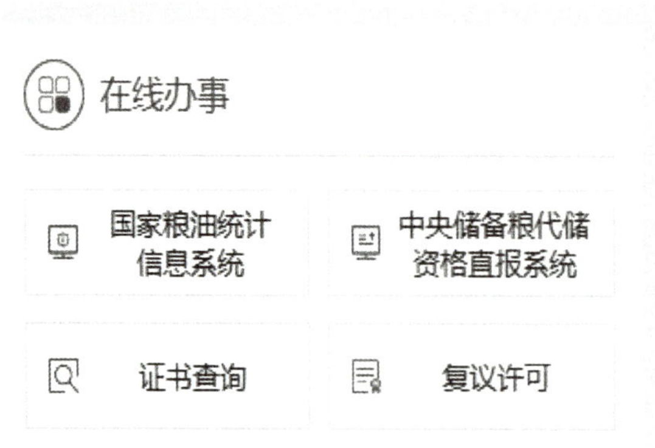

图 13－5－1　国家粮食和物资储备局政府网主页部分页面

（三）系统首页

登录后进入系统首页，首页内容有功能页签、报表图标等。界面上方横向排列的为功能页签，如“灵活查询”“数据查看”等，可通过功能页签实现单位维护、操作员管理、数据查询等功能。用户权限不同，展示的功能页签数量不同。

界面中部的蓝色方框为报表图标，如“流通”“仓储”等，每个图标对应一套报表。用户权限不同，展示的报表图标数量不同。

界面右下角显示系统技术支持电话，使用当中如有操作方面的问题，可致电咨询。界面右上角的“修改密码”按钮可更改登录密码。

二、数据填报

在报送数据时，首先选择首页上的报表图标，进入对应的报表报送界面。报表界面根据用户权限而有所不同，汇总单位的界面左侧显示单位树，填报单位仅显示表格。

（一）选择报表时期

表格界面左上角的“时期”按钮可切换报表时期，默认为当前时期，一般不需要改动。如补报或查看历史数据，可切换至以前的时期。

系统不允许用户报送未到报送时期的报表，如切换至以后时期，将无法录入数据。

（二）填报数据

表格界面中的单元格以不同颜色和标识区分，主要分为三种。

（1）白色单元格：可以录入数据。

（2）绿色单元格：计算指标单元格，不可录入，只能通过计算公式得出。

（3）带“—”单元格：表示该单元格不可填报。

用户在白色单元格录入数据后，点击界面上方的“计算与保存”按钮，绿色单元格的数据即可生成。

三、公式校验

公式校验是使用系统预制的审核公式校验指标间的逻辑关系。

（一）公式校验的分类

（1）单表公式校验：仅校验当前单位当前 Sheet 页面的表格。

（2）全表公式校验：校验当前单位所有 Sheet 页面的表格。

（3）批量公式校验：可批量校验多个单位的多个表格。

（二）错误提示

如公式校验未通过，界面下方会显示错误提示信息，包括公式说明、错误数据链接。点击以红色标识的错误数据后，光标会直接跳到对应的单元格。

如通过校验，将弹出对话框提示："数据审核通过"。

四、报表上报

报表填报完成后，点击"上报"按钮，即可完成上报。上报后，除非经上级单位驳回，不可修改数据。

"上报"操作有严格的条件限制。

（一）上报的条件

（1）报表必须通过全部公式校验。

（2）该单位的单位基本信息表必须是"已确认"状态①。

（3）如果是汇总单位，该单位的全部下级单位必须是"已确认"状态②。

（4）加工转化产品产量及库存月（年）报上报时，该单位的流通统

---

① 粮油收购进度五日报、粮油市场价格周报以及其他周报（日报）等报送频次较高的报表，上报时不校验单位基本信息表的状态。

② 地方储备粮油规模库存年报表不校验此条。

计月（年）报必须是“已确认”状态。

（5）粮食产业经济年报上报时，该单位的加工转化产品产量及库存年报必须是“已确认”状态。

（二）上级代下级报送的操作

上级单位代下级单位报送报表时，需在左侧单位树上逐一选择下级单位，然后完成数据填报—公式校验—上报的流程。

上报后，报表状态变为“已上报”状态，同时单位名称前显示蓝色“［报］”字样。

五、确认与退回

（1）数据确认：下级单位上报完成后，由上级单位进行审核，如数据无误，点击“数据确认”按钮，使报表状态变为“已确认”状态，同时单位名称前显示绿色“［审］”字样。

上级需通过单位树切换不同的单位，依次对每个单位重复“数据确认”操作，直至所有需要报送该报表的单位的状态均变为“已确认”状态。

“数据确认”操作仅可对“已上报”的单位使用。

（2）取消确认：进行“数据确认”操作后，如发现有误，可点击“取消确认”按钮，报表状态重新变为“已上报”状态。

“取消确认”操作仅可对“已确认”的单位使用。

（3）驳回：如下级单位数据有误，上级单位可点击“驳回”按钮将报表退回，报表状态变为“已退回”状态，同时单位名称前显示红色“［驳］”字样。

“驳回”操作仅可对“已上报”的单位使用。

（4）状态重置：状态重置仅用于不需要报送报表，却报送了报表的单位。如下级单位的报表不需要报送，首先将其上报的报表退回，在

“已退回”状态下，点击“状态重置”按钮，使报表状态变为“未报送”状态。

（5）批量操作：批量操作可对多个“已上报”的下级单位进行数据确认或驳回，可对多个“已确认”的下级单位进行取消确认，但不可以批量上报。

附　录

附录 1

国家粮食和物资储备局关于印发《国家粮食流通统计调查制度》的通知

国粮发〔2018〕263 号

各省、自治区、直辖市粮食局（粮食和物资储备局），中国储备粮管理集团有限公司、中粮集团有限公司、中国供销集团有限公司：

为深入贯彻落实中央《关于深化统计管理体制改革提高统计数据真实性的意见》，进一步发挥统计工作在服务粮食宏观调控和指导粮食产业经济发展中的作用，全面防范和严肃惩治粮食流通统计造假、弄虚作假，健全落实统计机构领导责任制，保障统计数据质量，国家粮食和物资储备局修订完善了《国家粮食流通统计调查制度》，制定了《关于防范和惩治粮食流通统计造假弄虚作假责任制规定（试行）》，现印发给你们，请认真遵照执行。

附件：1. 国家粮食流通统计调查制度

2. 国家粮食流通统计调查制度实施细则

3. 关于防范和惩治粮食流通统计造假弄虚作假责任制规定（试行）

国家粮食和物资储备局

2018 年 11 月 7 日

（此件公开发布）

附件 1

国家粮食流通统计调查制度

国家粮食和物资储备局制定

国家统计局批准

2018 年 11 月

本制度根据《中华人民共和国统计法》《粮食流通管理条例》和《中央储备粮管理条例》的有关规定制定

《中华人民共和国统计法》第七条规定：国家机关、企业事业单位和其他组织以及个体工商户和个人等统计调查对象，必须依照本法和国家有关规定，真实、准确、完整、及时地提供统计调查所需的资料，不得提供不真实或者不完整的统计资料，不得迟报、拒报统计资料。

《中华人民共和国统计法》第九条规定：统计机构和统计人员对在统计工作中知悉的国家秘密、商业秘密和个人信息，应当予以保密。

《中华人民共和国统计法》第二十五条规定：统计调查中获得的能够识别或者推断单个统计调查对象身份的资料，任何单位和个人不得对外提供、泄露，不得用于统计以外的目的。

《粮食流通管理条例》第二十二条规定：所有从事粮食收购、销售、储存、加工的粮食经营者以及饲料、工业用粮企业，应当建立粮食经营台账，并向所在地的县级人民政府粮食行政管理部门报送粮食购进、销售、储存等基本数据和有关情况。粮食经营者保留粮食经营台账的期限不得少于3年。粮食经营者报送的基本数据和有关情况涉及商业秘密的，粮食行政管理部门负有保密义务。

《中央储备粮管理条例》第三十六条规定：中国储备粮管理总公司应当定期统计、分析中央储备粮的储存管理情况，并将统计、分析情况报送国务院发展改革部门、国家粮食行政管理部门、国务院财政部门及中国农业发展银行。

《粮食流通管理条例》第三十四条规定：粮食行政管理部门依照本条例对粮食经营者从事粮食收购、储存、运输活动和政策性用粮的购销活动，以及执行国家粮食流通统计制度的情况进行监督检查。

国家粮食流通统计调查制度，由国家粮食行政管理部门制定，报国务院统计部门批准。省级粮食行政管理部门可以依照本制度要求，制订本省的地方粮食流通统计调查制度，并报当地统计部门批准后报国家粮食和物资储备局。

目　录

一、总说明

（一）本调查项目的作用和意义。适应粮食流通形势发展变化需要，科学有效地组织粮食统计工作，促进粮食统计工作的规范化、制度化、科学化，保障统计资料的真实、准确、完整和及时，充分发挥统计在粮食流通发展中的重要作用。

（二）本调查项目的统计对象和范围。在中华人民共和国境内从事粮食流通行政管理的部门和经营活动为粮食收购、销售、储存、运输、加工、进出口业务和以粮食为生产原料的养殖、饲料及食品酿造、酒精、淀粉等加工业务的企业事业单位以及粮油科研单位。

（三）本调查项目的主要指标内容。粮食流通统计中各类粮油企业的收购、销售、进出口、库存和价格，以及粮食、食用植物油供需平衡调查中城镇、乡村居民户、从事粮油收储、加工和转化用粮企业的生产、消费、省际间购销等指标，及时反映粮食的地区流向、库存品种布局、消费去向和粮食价格变动情况；粮油仓储设施和投资情况等指标，反映社会粮食仓储设施的规模和布局；粮食产业经济中主要产品设计生产能力、实际产量、研究开发投入、工业总产值等指标，反映粮食产业经济发展规模、速度、效益和变化趋势；粮食行业机构和从业人员构成等指标，了解和掌握全行业组织机构和人员结构变化；粮食科技统计，调查了解粮食行业科研单位和企业的科研投入、产出情况。

（四）本调查项目的时间要求和调查频率。夏粮小麦、早稻、油菜籽和秋粮主要粮食品种和地区的季节性收购报表，采用五日报告制度；粮油价格监测，采用每周报告制度；各类企业商品粮油收支、最低收购价等国家政策性粮油收支、中央和地方各级储备收支，采用每月报告制度；粮食产业经济报表的部分经济指标、产量指标，采用季度报告制度；粮食产业经济报表的经济、技术和产能等指标，采用年度报告制度；乡村居民户存粮情况，采用年度报告制度，以每年4月30日为时点进行调查；城乡居民粮油收支存报表，单位基本信息、粮油仓储、粮食行业机构人员、粮食科技统计报表，采用年度报告制度，在每年年末调查。必要时，根据粮油市场形势变化，调整监测频率和统计范围。

（五）本调查项目的调查方法、组织方式和渠道。根据调查内容和对象的不同特点，通过各级粮食行政管理部门逐级调查、汇总上报和企业网络直报等组织方式，对辖区内各类粮油企业和调查对象分别采取全面调查、重点调查和抽样调查相结合的调查方法完成相关统计调查项目。即国有粮油企业采取全面统计报表；非国有粮油企业，采取全面调查与抽样调查相结合的办法；社会粮油供需平衡调查，针对城乡居民户的粮食、食用油收支等情况采取抽样调查，城乡居民户调查结果仅供内部参考。

（六）本调查项目的调查结果提供使用范围。主要粮食品种的季节性收购进度、月（年）度收购量等情况，通过政府网站、报刊向社会发布。其他统计信息的使用范围严格按照规定权限和程序执行。

二、报表目录

表号	表名	报告期别	填报范围	报送单位	报送日期及方式	页码
GL 01 表	单位基本信息年报表	年报	辖区内各类涉粮企业、行政机关和事业单位	各省、自治区、直辖市粮食行政管理部门，中储粮集团公司	次年 1 月 20 日前，网络报送	224
GL 02 表	粮食产业经济季（年）报表	季（年）报	辖区内各类涉粮企业	各省、自治区、直辖市粮食行政管理部门，中储粮集团公司	季报季后 7 日前，年报次年 2 月底前，网络报送	226
GL 03 表	粮油收购进度五日报表	五日报	辖区内从事粮食收购的企业	各省、自治区、直辖市粮食行政管理部门，中储粮集团公司	自起报日开始后逢 1、6、11、16、21、26 日，网络报送	230
GL 04 表	粮油价格监测周报表	周报	国家粮食和物资储备局确定的粮油市场价格监测直报点	各省、自治区、直辖市粮食行政管理部门，粮油市场价格监测直报点	每周二，网络报送	231
GL 05 表	商品粮油收支平衡月报表	月报	辖区内各类粮油企业	各省、自治区、直辖市粮食行政管理部门，中储粮集团公司	月后 7 日前，网络报送	232
GL 06 表	地方储备粮油收支平衡月报表	月报	地方储备粮油承储企业	各省、自治区、直辖市粮食行政管理部门	月后 7 日前，网络报送	233
GL 07 表	地方政策性粮油收支平衡月报表	月报	地方政策性粮油收储企业	各省、自治区、直辖市粮食行政管理部门	月后 7 日前，网络报送	234
GL 08 表	社会粮油供需平衡调查表	年报	辖区内被抽查的粮食收储、加工和转化企业、城乡居民户	各省、自治区、直辖市粮食行政管理部门，中储粮集团公司	次年 3 月底前，网络报送	235

续 表

表号	表名	报告期别	填报范围	报送单位	报送日期及方式	页码
GL DCB 表	城乡居民户粮油收支平衡基础调查表	年报	辖区内被抽查的城乡居民户	各省、自治区、直辖市粮食行政管理部门	次年3月底前，5月底前，网络报送	236
GL 09 表	粮油仓储设施统计年报表	年报	辖区内各类粮油企业	各省、自治区、直辖市粮食行政管理部门，中储粮集团公司	次年2月底前，网络报送	237
GL 10 表	粮食流通基础设施建设投资情况年报表	年报	辖区内各类粮油企业	各省、自治区、直辖市粮食行政管理部门，中储粮集团公司	次年2月底前，网络报送	238
GL 11 表	粮食从业人员情况年报表	年报	各类涉粮机关、企事业单位	各省、自治区、直辖市粮食行政管理部门，中储粮集团公司	次年2月底前，网络报送	239
GL 12 表	粮油科技基本情况年报表	年报	粮油科研单位	各省、自治区、直辖市粮食行政管理部门，中储粮集团公司	次年2月底前，网络报送	240

三、调查表式

（一）单位基本信息年报表

表　　号：GL 01 表
制定机关：国家粮食和物资储备局
批准机关：国家统计局
批准文号：国统制〔2018〕137 号
有效期至：2021 年 11 月

省（自治区、直辖市）地（市、州、盟）县（区、市、旗）
行政区划代码：□□_□□_□□
综合机关名称：　　　　　　　　20　年

单位基本信息

01 单位名称：

02 单位类型：□□□

201 国家粮食和物资储备局　202 省级粮食行政管理部门　203 市级粮食行政管理部门

204 县级粮食行政管理部门　205 各级粮食行政管理部门下属单位　206 集团　207 企业

03 统一社会信用代码：□□□□□□□□□□□□□□□□□□　04 组织机构代码：□□□□□□□□—□

05 单位所在地行政区划编码：□□_□□_□□　06 法定代表人姓名：

07 联系人：　　　　电话：　　　　传真：　　　　电子邮箱：

08 办公地址：　　　　09 邮政编码：□□□□□□

10 单位性质：□□□□

1011 行政机关　1012 参公管理事业单位　1013 非参公管理事业单位

1021 国有及国有控股企业　1022 内资非国有企业　1023 港澳台商及外商企业

11 单位主要业务：□□□□

1111 行政管理　1112 粮油质检　1113 粮油科研

1121 粮食经营及加工转化　1122 食用植物油及油料经营及加工转化

12 企业经营类型：□□□□

1211 粮油收储企业　1212 粮油批发市场　1213 超市

1221 小麦粉加工企业　1222 大米加工企业　1223 其他成品粮加工企业

1224 食用植物油加工企业　1231 粮油食品及副食酿造企业　1232 制酒企业

1241 饲料企业　1242 养殖企业　1251 淀粉企业　1252 酒精企业　1253 其他深加工企业

1261 粮油机械制造企业

13 是否具有粮食收购资格：□　1 有　2 无

14 上级集团（公司）名称：　　　　15 下属涉粮企业个数：

续 表

粮油加工、食品加工和粮食深加工企业附加信息
16 产业化龙头企业：□ 1 国家级 2 省级 3 地市级 4 否 17 应急加工企业：□ 1 省级 2 市级 3 县级 4 否 18 放心粮油示范工程：□ 1 中粮协 2 省级 3 市级 4 否 19 主食加工中央厨房：□ 1 有 2 无 20 研发中心：□ 1 国家级 2 省级 3 否

单位负责人： 填表人： 填报日期：20 年 月 日

填报说明：1. 统计范围：各类涉粮企业、行政机关和事业单位。

2. 报送时间和方式：次年1月20日前，通过网络报送。

3. 单位名称：企业的单位名称按企业在工商行政管理部门登记注册的全称填写，行政机关和事业单位的名称按编制部门登记、批准的名称填写。

4. 企业隶属于上级集团（公司）或被控股的，请注明上级集团（公司）名称。

5. 综合性企业或企业集团的下属企业（或分厂），在工商行政管理部门登记注册的，应单独填报；未登记注册的，由综合性企业或企业集团统一填报。

（二）粮食产业经济季（年）报表

表　　号：GL 02 表
制定机关：国家粮食和物资储备局
省（自治区、直辖市）地（市、州、盟）县（区、市、旗）　　批准机关：国家统计局
行政区划代码：□□-□□-□□　　批准文号：国统制〔2018〕137 号
综合机关名称：　　20　年　　有效期至：2021 年 11 月

指标名称	计量单位	代码	数量
甲	乙	丙	1
一、经济指标	—	—	
工业总产值	万元	01	
主营业务收入	万元	02	
销售收入	万元	03	
其中：互联网销售收入	万元	04	
销售成本	万元	05	
费用总额	万元	06	
利润总额	万元	07	
应交增值税	万元	08	
资产总额	万元	09	
负债总额	万元	10	
当年固定资产投资	万元	11	
二、技术指标	—	—	
当年研究开发投入	万元	12	
其中：政府支持投入	万元	13	
当年专利获得数	件	14	
其中：发明专利	件	15	
三、设计生产能力	—	—	
（一）成品粮油加工	—	—	
日处理小麦	吨	16	
日处理稻谷	吨	17	
日处理玉米	吨	18	
日处理杂粮和薯类	吨	19	
日处理油料	吨	20	
其中：日处理大豆	吨	21	
日处理油菜籽	吨	22	
日处理花生	吨	23	
日处理葵花籽	吨	24	
日处理其他油料	吨	25	
日精炼油脂	吨	26	

续 表

指标名称	计量单位	代码	数量
甲	乙	丙	1
其中：日精炼大豆油	吨	27	
日精炼菜籽油	吨	28	
日精炼棕榈油	吨	29	
日精炼其他原油	吨	30	
日调配制成调和油	吨	31	
日灌装小包装油脂	吨	32	
（二）粮油食品加工	—	—	
日处理粮食	吨	33	
日处理食用植物油	吨	34	
日产主食食品	吨	35	
其中：日产馒头	吨	36	
日产挂面	吨	37	
日产鲜湿面	吨	38	
日产方便面	吨	39	
日产方便米饭	吨	40	
日产米粉（线）	吨	41	
日产速冻米面制主食	吨	42	
（三）饲料加工	吨	43	
日饲料生产能力	吨	44	
日处理小麦	吨	45	
日处理稻谷	吨	46	
日处理玉米	吨	47	
日处理豆粕	吨	48	
日处理其他粮食	吨	49	
（四）粮食深加工	吨	50	
日处理小麦	吨	51	
日处理稻谷	吨	52	
日处理玉米	吨	53	
日处理大豆	吨	54	
日处理杂粮及薯类	吨	55	
四、实际产量及规模	—	—	
（一）成品粮油产量	吨	56	
小麦粉	吨	57	
其中：专用粉	吨	58	
全麦粉	吨	59	

续 表

指标名称	计量单位	代码	数量
甲	乙	丙	1
食品工业用粉	吨	60	
民用粉	吨	61	
大米	吨	62	
其中：非传统食用大米	吨	63	
玉米面和玉米糁	吨	64	
成品杂粮及杂粮粉	吨	65	
精炼食用植物油	吨	66	
其中：大豆油	吨	67	
棕榈油	吨	68	
菜籽油	吨	69	
花生油	吨	70	
玉米油	吨	71	
米糠油	吨	72	
葵花籽油	吨	73	
木本植物油	吨	74	
其中：油茶籽油	吨	75	
其他食用植物油	吨	76	
（二）主食产业化规模	—	—	
主食产量	吨	77	
其中：馒头	吨	78	
挂面	吨	79	
鲜湿面	吨	80	
方便面	吨	81	
方便米饭	吨	82	
米粉（线）	吨	83	
速冻米面制主食	吨	84	
主食厨房销售网点数量	个	85	
主食厨房配送中心数量	个	86	
主食厨房服务居民人数	人	87	
（三）饲料产量	吨	88	
配合饲料	吨	89	
预混合饲料	吨	90	
浓缩饲料	吨	91	
其他饲料	吨	92	
（四）粮食深加工产品产量	吨	93	

续 表

指标名称	计量单位	代码	数量
甲	乙	丙	1
商品淀粉	吨	94	
淀粉糖	吨	95	
多元醇	吨	96	
酒精	吨	97	
氨基酸	吨	98	
有机酸	吨	99	
其他发酵制品	吨	100	
大豆蛋白	吨	101	
谷朊粉	吨	102	
其他深加工产品	吨	103	
（五）粮油机械制造	台（套）	104	
小麦粉加工主机	台	105	
大米加工主机	台	106	
油脂加工主机	台	107	
饲料加工主机	台	108	
仓储设备	台	109	
通用设备	套	110	
五、年度能源消耗	—	—	
电	千瓦时	111	
水	吨	112	
标准煤	吨	113	
天然气	立方米	114	
溶剂	千克	115	
六、其他	—	—	
企业建立优质原粮基地面积	亩	116	
优质原粮基地关联农户数	户	117	
订单收购粮食数量	吨	118	
其中：小麦	吨	119	
稻谷	吨	120	

单位负责人： 填表人： 填报日期：20 年 月 日

填报说明：1. 统计范围：各类涉粮企业。

2. 报送时间和方式：季报季后 7 日前，年报次年 2 月底前，通过网络报送。

3. 表中代码 1 ~ 8，56 ~ 84，88 ~ 103 按季报送。

4. 数值均保留一位小数。

（三）粮油收购进度五日报表

表　　号：GL 03 表
制定机关：国家粮食和物资储备局
批准机关：国家统计局
批准文号：国统制〔2018〕137 号
有效期至：2021 年 11 月

省（自治区、直辖市）　地（市、州、盟）　县（区、市、旗）
行政区划代码：□□_□□_□□
综合机关名称：　　　　20　年　月　日

指标名称	计量单位	代码	本期从生产者购进	国有粮食企业收购		收购价格（中等质量标准）
					最低收购价收购	
甲	乙	丙	1	2	3	4
油菜籽	吨，元/吨	01				
小麦	万吨，元/公斤	02				
早籼稻	万吨，元/公斤	03				
中晚籼稻	万吨，元/公斤	04				
粳稻	万吨，元/公斤	05				
玉米	万吨，元/公斤	06				
大豆	万吨，元/公斤	07				

单位负责人：　　　　填表人：　　　　填报日期：20　年　月　日

填报说明：1. 小麦收购进度由河北、山西、江苏、安徽、山东、河南、湖北、四川、陕西、甘肃、新疆 11 省（区）填报；
油菜籽收购进度由江苏、浙江、安徽、江西、河南、湖北、湖南、重庆、四川、贵州、云南、陕西 12 省（市）填报；
早籼稻收购进度由浙江、安徽、福建、江西、湖北、湖南、广东、广西 8 省（区）填报；
中晚籼稻收购进度由江苏、浙江、安徽、福建、江西、河南、湖北、湖南、广东、广西、重庆、四川、贵州、云南 14 省（市、区）填报；
粳稻收购进度由辽宁、吉林、黑龙江、江苏、浙江、安徽、河南 7 省填报；
玉米收购进度由河北、山西、内蒙古、辽宁、吉林、黑龙江、山东、河南、四川、陕西、甘肃 11 省（区）填报；
大豆收购进度由河北、内蒙古、辽宁、吉林、黑龙江、山东、河南 7 省（区）填报；
其他省份根据工作需要，由省级粮食行政管理部门自行确定是否报送收购进度五日报表。

2. 价格统计：收购价格指旺季收购期间辖区内主产地农民出售的新产粮油的价格区间。
3. 统计范围：在辖区内从事粮食收购的企业。
4. 统计口径：收购进度仅统计当年新产粮油在收购旺季开始以来的本企业直接从生产者购进的粮油数量，包括企业自营收购和代其他企业收购。其中：油菜籽按实际油菜籽和菜籽油折籽之和计算。
5. 报送时间和方式：起报日期开始后逢 1 日、6 日、11 日、16 日、21 日、26 日，通过网络报送。遇特殊情况，随时调整报送时间和频率。
6. 起报日期：小麦、油菜籽 6 月 1 日；早籼稻 7 月 21 日；中晚籼稻 9 月 21 日；粳稻、玉米、大豆 11 月 1 日。

（四）粮油价格监测周报表

表　　号：GL 04 表
制定机关：国家粮食和物资储备局
批准机关：国家统计局
批准文号：国统制〔2018〕137 号
有效期至：2021 年 11 月

省（自治区、直辖市）地（市、州、盟）县（区、市、旗）
行政区划代码：□□_□□_□□
综合机关名称：　　　　20　年　月　日

指标名称	计量单位	代码	价格水平
甲	乙	丙	1
一、粮食	—	—	
（一）原粮	—	—	
1. 小麦	元/公斤	01	
2. 稻谷：早籼稻	元/公斤	02	
中晚籼稻	元/公斤	03	
粳稻	元/公斤	04	
3. 玉米	元/公斤	05	
4. 大豆	元/公斤	06	
（二）成品粮	—	—	
1. 小麦粉	元/公斤	07	
2. 大米：早籼米	元/公斤	08	
中晚籼米	元/公斤	09	
粳米	元/公斤	10	
二、食用油及油料	—	—	
油菜籽	元/公斤	11	
菜籽油	元/公斤	12	
花生油	元/公斤	13	
豆油	元/公斤	14	
三、粮食副产品及深加工产品	—	—	
麸皮	元/吨	15	
米糠	元/吨	16	
豆饼和豆粕	元/吨	17	
菜饼和菜粕	元/吨	18	
商品淀粉	元/吨	19	
酒精	元/吨	20	
DDGS（玉米酒糟粕）	元/吨	21	

单位负责人：　　　　填表人：　　　　填报日期：20　年　月　日

填报说明：1. 统计范围：国家粮食和物资储备局确定的粮油市场价格监测直报点。

2. 报送时间和方式：每周一为价格采集时间，周二网络报送；在市场粮价出现异常波动时实行日报。

3. 各监测点严格按照规定的粮油品种、产品和价格类型（收购价格、进厂价格、出厂价格、批发价格、零售价格、进口完税价格）上报。

（五）商品粮油收支平衡月报表

表　　号：GL 05 表
制定机关：国家粮食和物资储备局
批准机关：国家统计局
批准文号：国统制〔2018〕137 号
有效期至：2021 年 11 月

省（自治区、直辖市）地（市、州、盟）县（区、市、旗）
行政区划代码：□□_□□_□□
综合机关名称：　　　　20 年　月

指标名称	计量单位	代码	数量
甲	乙	丙	1
一、期初库存	吨	01	
二、收入合计	吨	02	
从生产者购进	吨	03	
其中：省外	吨	04	
从企业购进	吨	05	
其中：省外	吨	06	
储备粮油转入	吨	07	
进口	吨	08	
加工成品收回	吨	09	
其他收入	吨	10	
三、支出合计	吨	11	
销售	吨	12	
其中：省外	吨	13	
转作储备粮油	吨	14	
出口	吨	15	
加工原料付出	吨	16	
转化用粮油	吨	17	
饲料用粮油	吨	18	
工业用粮油	吨	19	
其中：酒精用粮	吨	20	
淀粉用粮	吨	21	
食品及副食酿造业用粮油	吨	22	
制酒用粮	吨	23	
其他工业用粮	吨	24	
其他支出	吨	25	
四、期末库存	吨	26	
五、备注	—	—	
企业责任库存规模	吨	27	
其中：优先购买权归省级政府	吨	28	
优先购买权归市级政府	吨	29	
优先购买权归县级政府	吨	30	

单位负责人：　　　　填表人：　　　　填报日期：20　年　月　日

填报说明：1. 统计范围：各类粮油企业。

2. 报送时间和方式：月后 7 日前，网络报送；市场出现异常波动时实行周报或日报。

3. 填报品种：（1）谷物：小麦、小麦粉、早籼稻、中晚籼稻、粳稻、早籼米、中晚籼米、粳米、玉米、玉米面和玉米糁、高粱、大麦、谷子、其他谷物；（2）豆类：大豆、豆饼豆粕、其他豆类；（3）薯类：马铃薯折粮、其他薯类折粮；（4）油脂油料：菜籽油、油菜籽、花生油、花生果、大豆油、棉籽油、棕榈油、葵花油、葵花籽、油茶籽油、芝麻油、芝麻、玉米油、米糠油、调和油、其他油、其他油料。

4. 数值均保留一位小数。

（六）地方储备粮油收支平衡月报表

表　　号：GL 06 表
制定机关：国家粮食和物资储备局
批准机关：国家统计局
批准文号：国统制〔2018〕137 号
有效期至：2021 年 11 月

省（自治区、直辖市）地（市、州、盟）县（区、市、旗）
行政区划代码：□□_□□_□□
综合机关名称：　　　　　　　　20　年　月

指标名称	计量单位	代码	数量
甲	乙	丙	1
一、期初库存	吨	01	
二、本期收入	吨	02	
从生产者购进	吨	03	
其中：省外	吨	04	
从企业购进	吨	05	
其中：省外	吨	06	
商品粮油转入	吨	07	
进口	吨	08	
其他收入	吨	09	
三、本期支出	吨	10	
销售	吨	11	
其中：省外	吨	12	
转作商品粮油	吨	13	
出口	吨	14	
其他支出	吨	15	
四、期末库存	吨	16	
按收获年限划分：	—	—	
2015 年及以前	吨	17	
2016 年	吨	18	
2017 年	吨	19	
2018 年	吨	20	
2019 年	吨	21	
2020 年	吨	22	
2021 年	吨	23	
小包装成品粮油	吨	24	
五、省外储存	吨	25	
六、储备规模	吨	26	
其中：实行动态轮换管理的储备规模	吨	27	

单位负责人：　　　　　　　　填表人：　　　　　　　　填报日期：20　年　月　日

填报说明：1. 统计范围：地方储备粮油承储企业。

2. 报送时间和方式：月后 7 日前，网络报送。

3. 填报品种：（1）谷物：小麦、小麦粉、早籼稻、中晚籼稻、粳稻、早籼米、中晚籼米、粳米、玉米、玉米面、高粱、大麦、谷子、其他谷物；（2）豆类：大豆、豆饼豆粕、其他豆类；（3）薯类：马铃薯折粮、其他薯类折粮；（4）油脂油料：菜籽油、油菜籽、花生油、花生果、大豆油、棉籽油、棕榈油、葵花油、葵花籽、油茶籽油、芝麻油、芝麻、玉米油、米糠油、调和油、其他油、其他油料。

4. 数值均保留一位小数。

（七）地方政策性粮油收支平衡月报表

表　　号：GL 07 表
制定机关：国家粮食和物资储备局
批准机关：国家统计局
批准文号：国统制〔2018〕137 号
有效期至：2021 年 11 月

省（自治区、直辖市）地（市、州、盟）县（区、市、旗）
行政区划代码：□□_□□_□□
综合机关名称：　　　　　　20　年　月

指标名称	计量单位	代码	数量
甲	乙	丙	1
一、期初库存	吨	01	
二、本期收入	吨	02	
从生产者购进	吨	03	
从企业购进	吨	04	
其他收入	吨	05	
三、本期支出	吨	06	
销售	吨	07	
其中：省外	吨	08	
转作商品粮油	吨	09	
转作地方储备粮油	吨	10	
出口	吨	11	
其他支出	吨	12	
四、期末库存	吨	13	

单位负责人：　　　　填表人：　　　　填报日期：20　年　月　日

填报说明：1. 统计范围：地方政策性粮油收储企业。

2. 报送时间和方式：月后 7 日前，网络报送。

3. 填报品种：（1）谷物：小麦、小麦粉、早籼稻、中晚籼稻、粳稻、早籼米、中晚籼米、粳米、玉米、玉米面、高粱、大麦、谷子、其他谷物；（2）豆类：大豆、豆饼豆粕、其他豆类；（3）薯类：马铃薯折粮、其他薯类折粮；（4）油脂油料：菜籽油、油菜籽、花生油、花生果、大豆油、棉籽油、棕榈油、葵花油、葵花籽、油茶籽油、芝麻油、芝麻、玉米油、米糠油、调和油、其他油、其他油料。

4. 数值均保留一位小数。

（八）社会粮油供需平衡调查表

表　　号：GL 08 表
制定机关：国家粮食和物资储备局
批准机关：国家统计局
批准文号：国统制〔2018〕137 号
有效期至：2021 年 11 月

省（自治区、直辖市）地（市、州、盟）县（区、市、旗）
行政区划代码：□□_□□_□□
综合机关名称：　　　　　　20　年

指标名称	计量单位	代码	数量
甲	乙	丙	1
一、供给	—	—	
期初社会库存	吨	01	
企业库存	吨	02	
乡村居民户存粮	吨	03	
城镇居民户存粮	吨	04	
产量	吨	05	
商品量	吨	06	
省外购进	吨	07	
进口	吨	08	
二、需求	—	—	
总消费	吨	09	
乡村人口口粮（油）	吨	10	
城镇人口口粮（油）	吨	11	
饲料用粮（油）	吨	12	
工业用粮（油）	吨	13	
其中：酒精用粮	吨	14	
淀粉用粮	吨	15	
食品及副食酿造用粮（油）	吨	16	
制酒用粮	吨	17	
种子用粮（油料）	吨	18	
销往省外	吨	19	
出口	吨	20	
榨油付出	吨	21	
损失损耗	吨	22	
三、期末社会库存	吨	23	
企业库存	吨	24	
乡村居民户存粮	吨	25	
城镇居民户存粮	吨	26	

单位负责人：　　　　　　填表人：　　　　　　填报日期：20　年　月　日

填报说明：1. 报送时间和方式：次年 3 月底前，网络报送。

2. 填报品种：（1）谷物：小麦、小麦粉、早籼稻、中晚籼稻、粳稻、早籼米、中晚籼米、粳米、玉米、其他谷物；（2）豆类：大豆、豆饼豆粕、其他豆类；（3）薯类：马铃薯折粮、其他薯类折粮；（4）油脂油料：菜籽油、油菜籽、花生油、花生果、大豆油、棉籽油、棕榈油、葵花油、葵花籽、油茶籽油、芝麻油、芝麻、玉米油、米糠油、调和油、其他油、其他油料。

3. 数据均保留一位小数。

（九）城乡居民户粮油收支平衡基础调查表

表　　号：GL DCB 表
制定机关：国家粮食和物资储备局
批准机关：国家统计局
批准文号：国统制〔2018〕137 号
有效期至：2021 年 11 月

省（自治区、直辖市）地（市、州、盟）县（区、市、旗）
行政区划代码：□□_□□_□□
综合机关名称：　　　　20　年

家庭基本情况			
01 户主姓名　　　02 家庭人口　　　其中常住人口 03 住址：　　县（区、旗）　　　乡（镇、街道）　　　村 04 经营耕地面积：　　亩，其中流转耕地面积：　亩			
指标名称	计量单位	代码	数量
甲	乙	丙	1
一、期初库存	公斤	05	
二、收入合计	公斤	06	
产量	公斤	07	
购买量	公斤	08	
其他收入	公斤	09	
三、支出合计	公斤	10	
家庭消费	公斤	11	
口粮（油）	公斤	12	
外购熟食品消费	公斤	13	
在外餐饮	公斤	14	
饲料	公斤	15	
种子	公斤	16	
销售	公斤	17	
其他支出	公斤	18	
四、期末库存	公斤	19	

单位负责人：　　　　填表人：　　　　填报日期：20　年　月　日

填报说明：1. 报送时间：此表为《社会粮油供需平衡调查表》（GL 08 表）的基础调查表，报送时间为次年 3 月底前；同时也是乡村居民户每年 4 月末存粮调查表，调查时点为 4 月 30 日，报送时间为 5 月底前，只需报第 07、17、19 三个指标，其中产量为上年粮食产量，销售量为上年 5 月 1 日至本年 4 月 30 日期间的粮食销售量。

2. 填报品种：（1）粮食：小麦、小麦粉、早籼稻、中晚籼稻、粳稻、早籼米、中晚籼米、粳米、玉米、玉米面、大豆、其他。（2）油脂和油料：菜籽油、花生油、豆油、棉籽油、葵花油、油茶籽油、调和油、其他油；油菜籽、花生果、葵花籽、其他油料。

（十）粮油仓储设施统计年报表

表　　号：GL 09 表
制定机关：国家粮食和物资储备局
批准机关：国家统计局
批准文号：国统制〔2018〕137 号
有效期至：2021 年 11 月

省（自治区、直辖市）地（市、州、盟）县（区、市、旗）
行政区划代码：□□_□□_□□
综合机关名称：　　　　　　　　20　年

指标名称	计量单位	代码	数量
甲	乙	丙	1
一、库区面积	平方米	01	
库区个数	个	02	
二、标准仓房仓容	吨	03	
完好仓容	吨	04	
1. 按仓型划分	—	—	
平房仓	吨	05	
浅圆仓	吨	06	
立筒仓	吨	07	
楼房仓	吨	08	
其他仓型	吨	09	
2. 按建成时间划分	—	—	
1999 年及以前	吨	10	
2000 年至 2013 年	吨	11	
2014 年以来	吨	12	
需大修仓容	吨	13	
待报废仓容	吨	14	
三、简易仓容	吨	15	
四、油罐	—	—	
油罐个数	个	16	
油罐罐容	吨	17	
五、主要附属设施	—	—	
储粮罩棚	吨	18	
其他罩棚	平方米	19	
其中：铁路罩棚	平方米	20	
仓间罩棚	平方米	21	
地坪	平方米	22	
烘干设施	台（套）	23	
烘干能力	吨/日	24	
铁路专用线有效长度	米	25	
专用码头总吨位	吨	26	
粮食日出库能力	吨	27	
六、储粮技术应用	—	—	
应用环流熏蒸仓容	吨	28	
应用粮情测控仓容	吨	29	
应用机械通风仓容	吨	30	
实现气调储粮仓容	吨	31	
实现低温准低温储粮仓容	吨	32	
其中：实现低温储粮仓容	吨	33	
实现准低温储粮仓容	吨	34	

单位负责人：　　　　　　　　填表人：　　　　　　　　填报日期：20　年　月　日

填报说明：1. 统计范围：各类粮油企业。
2. 报送时间和方式：次年 2 月底前，网络报送。

（十一）粮食流通基础设施建设投资情况年报表

表　　号：GL 10 表
制定机关：国家粮食和物资储备局
批准机关：国家统计局
批准文号：国统制〔2018〕137 号
有效期至：2021 年 11 月

省（自治区、直辖市）地（市、州、盟）县（区、市、旗）
行政区划代码：□□_□□_□□
综合机关名称：　　　　20　年

指标名称	计量单位	代码	数量
甲	乙	丙	1
一、投资项目状态	—	—	
本年度新开工项目	个	01	
本年度竣工项目	个	02	
年度末在建项目	个	03	
二、年度完成投资	—	—	
1. 按项目类别分	—	—	
粮食仓储设施项目	万元	04	
粮食现代物流设施项目	万元	05	
危仓老库维修改造项目	万元	06	
粮食信息化建设项目	万元	07	
其他项目	万元	08	
2. 按投资来源分	—	—	
中央财政	万元	09	
地方财政	万元	10	
利用外资	万元	11	
其他投资	万元	12	
三、年度仓储设施建设规模	—	—	
新建成标准仓房仓容	吨	13	
在建标准仓房仓容	吨	14	
维修改造仓房仓容	吨	15	
其中：大修仓容	吨	16	
新建成油罐罐容	吨	17	
四、年度建设完成粮食信息化项目	—	—	
粮库智能化升级改造	个	18	
其中：收纳库系统	个	19	
储备库系统	个	20	
示范库系统	个	21	
现货批发市场信息化建设	个	22	
重点粮食加工企业信息化改造	个	23	
粮食应急配送中心信息化建设	个	24	
其他涉粮信息系统	个	25	

单位负责人：　　　　填表人：　　　　填报日期：20　年　月　日

填表说明：1. 统计范围：各类粮油企业。

2. 统计口径：粮食流通基础设施建设投资项目是指按照立项审批（含核准、备案）程序确定的粮油仓储设施项目、粮食现代物流项目、危仓老库维修改造项目、粮食信息化建设项目等。

3. 报送时间和方式：次年 2 月底前，网络报送。

（十二）粮食从业人员情况年报表

表　　号：GL 11 表
制定机关：国家粮食和物资储备局
批准机关：国家统计局
批准文号：国统制〔2018〕137 号
有效期至：2021 年 11 月

省（自治区、直辖市）市（区、地、州、盟）县（市、区、旗）
行政区划代码：□□_□□_□□
综合机关名称：　　　　　　　　20　年

指标名称	计量单位	代码	数量
甲	乙	丙	1
一、从业人员总数	人	01	
在岗职工	人	02	
其中：长期职工	人	03	
临时职工	人	04	
其他从业人员	人	05	
二、从业人员基本属性	—	—	
女性职工	人	06	
少数民族职工	人	07	
中共党员	人	08	
三、长期职工	—	—	
1. 按学历划分	—	—	
研究生	人	09	
大学本科	人	10	
大学专科	人	11	
中专	人	12	
高中及以下	人	13	
2. 按年龄划分	—	—	
35 岁及以下	人	14	
36 岁至 45 岁	人	15	
46 岁至 54 岁	人	16	
55 岁及以上	人	17	
3. 按人员类别划分	—	—	
公务员	人	18	
事业单位管理人员	人	19	
企业经营管理人员	人	20	
专业技术人员	人	21	
其中：高级职称	人	22	
正高级职称	人	23	
中级职称	人	24	
初级及以下职称	人	25	
工人	人	26	
其中：技术工人	人	27	
高级技师	人	28	
技师	人	29	
高级工	人	30	
中级工	人	31	

续 表

指标名称	计量单位	代码	数量
甲	乙	丙	1
初级工	人	32	
四、本单位举办培训班情况	—	—	
办班次数	次	33	
培训人次	人次	34	
五、本单位职工参加培训人次	人次	35	
其中：参加统计培训人次	人次	36	

单位负责人： 填表人： 填报日期：20 年 月 日

填报说明：1. 统计范围：各类涉粮企业、行政机关和事业单位。

2. 报送时间和方式：次年 2 月底前，通过网络报送。

3. 主营业务为粮油经营的涉粮企业，从业人员全部纳入统计。主营业务不是粮油经营的涉粮企业，仅统计从事粮油经营业务的人员。

（十三）粮油科技基本情况年报表

表　　号：GL 12 表
制定机关：国家粮食和物资储备局
批准机关：国家统计局
批准文号：国统制〔2018〕137 号
有效期至：2021 年 11 月

省（自治区、直辖市）地（市、州、盟）县（区、市、旗）
行政区划代码：□□_□□_□□
综合机关名称： 20 年

一、项目基本情况	
01 项目名称	02 项目编号
03 项目负责人	04 项目类别
05 项目技术领域	06 项目批复部门及来源
07 起止年限	

指标名称	计量单位	代码	数量
甲	乙	丙	1
二、投资基本情况	—	—	
（一）国家财政总预算	万元	08	
财政部	万元	09	
科技部	万元	10	
发展改革委	万元	11	
国家粮食和物资储备局	万元	12	
其他部门	万元	13	

续 表

指标名称	计量单位	代码	数量
甲	乙	丙	1
（二）当年国家财政拨款	万元	14	
财政部	万元	15	
科技部	万元	16	
发展改革委	万元	17	
国家粮食和物资储备局	万元	18	
其他部门	万元	19	
（三）地方财政拨款	万元	20	
（四）单位自筹/接受委托	万元	21	
（五）其他	万元	22	
三、科研成果基本情况	—	—	
（一）基础类成果	项	23	
专利	项	24	
发明	项	25	
实用新型	项	26	
外观设计	项	27	
论文	篇	28	
SCI 收录	篇	29	
EI 收录	篇	30	
ISTP 收录	篇	31	
其他	篇	32	
标准	项	33	
制定	项	34	
修订	项	35	
著作	部	36	
获奖	项	37	
国家级	项	38	
省级	项	39	
（二）应用类成果	项	40	
新产品	项	41	
新技术	项	42	
新工艺	项	43	
四、粮食科技创新平台	—	—	
国家级	个	44	
省部级	个	45	

单位负责人： 填表人： 填报日期：20 年 月 日

填报说明：1. 统计范围：粮油科研单位。

2. 报送时间和方式：次年 2 月底前，网络报送。

四、主要指标解释

1. 单位基本信息部分

（1）组织机构代码：组织机构代码登记主管部门颁发的《中华人民共和国组织机构代码证》上给出的代码。

（2）统一社会信用代码：由赋码主管部门颁发的法定身份识别码。

（3）产业化龙头企业：国家有关部门、地市级以上政府、省级有关部门正式发文认定的农业（粮食）产业化龙头企业；以最高级别认定填报即可。

（4）应急加工企业：县级及以上政府或粮食行政管理部门为应对突发事件或灾害而正式发文指定的保障成品粮应急加工供应的粮油加工企业；以最高级别认定填报即可。

（5）放心粮油示范工程企业：市级以上粮食行政管理部门或粮食行业协会正式发文认定的放心粮油示范工程企业。

（6）主食加工中央厨房：专门为配送各连锁店（网点）、食堂而进行生产加工主食的生产场所。

（7）研发中心：从事本企业粮油产品相关科技领域的研究开发和实验发展的机构。

2. 粮食产业经济报表部分

（1）工业总产值：采用报告期内的产品实际销售价格（不含增值税价格）计算的工业总产值。包括成品价值、对外加工费收入和自制半成品、在产品期初期末差额价值。

（2）主营业务收入：企业确认的销售商品、提供劳务等主营业务的收入。根据会计“主营业务收入”科目的期末贷方余额（结转前）填报。执行2006年《企业会计准则》或2011年《小企业会计准则》的企业，如未设置该科目，根据企业会计决算“利润表”中的“营业收入”填列。

（3）销售收入：企业销售粮油产品及副产品、粮油食品、饲料、深加工产品、粮油机械设备的收入和提供劳务取得的收入。根据企业会计账“销售收入”科目填列。

（4）销售成本：已销售产品的生产成本或已提供劳务的劳务成本以及其他销售的业务成本。根据企业会计账“销售成本”科目填列。

（5）利润总额：企业生产经营活动的最大成果，是企业在一定时期内的盈亏相抵后的利润总额。根据企业会计决算“利润表”中的“利润总额”填列。

（6）费用总额：销售费用、管理费用、财务费用之和。根据企业会计决算“利润表”中的相关指标计算填列。

（7）应交增值税：按照税法规定，针对销售货物或提供加工、修理修配劳务以及进口货物实现的增值额，企业在报告期内应交纳的税金。根据企业会计决算“应上交应弥补款项表”中的“增值税本年应交数”填列。

（8）资产总额：企业拥有或控制的全部资产。根据企业会计决算“资产负债表”中的“资产总额”填列。

（9）负债总额：企业过去的交易、事项形成的现时义务，履行该义务预期会导致经济利益流出企业，包括流动负债和长期负债。根据企业会计决算“资产负债表”中的“负债总额”填列。

（10）当年固定资产投资：报表统计年度以货币表现的建造和购置固定资产活动的工作量，它是反映固定资产投资规模、速度、比例关系和使用方向的综合性指标。包括固定资产更新（局部和全部更新）、改建、扩建、新建等活动。根据企业会计决算“基本情况表”中的“本年固定资产投资额”填列。

（11）互联网销售收入：企业通过互联网销售粮油、粮机等产品获得的收入。

（12）设计生产能力：企业设计日处理原料能力，其中：稻谷加工企业为日处理稻谷能力，按每天开工两班 16 小时计算；小麦加工企业为日处理小麦能力，按每天开工三班24小时计算；食用植物油加工企业按油料处理能力和精炼能力分别填报，其中日处理大豆能力、日处理油菜籽能力、日精炼大豆油能力、日精炼菜籽油能力是指只能加工大豆、油菜籽和精炼大豆油、菜籽油专用生产能力。日精炼能力指对原油（又称毛油）进行加工，能够生产符合现行国家标准或行业标准四级以上（含四级）食用植物油的能力；其中日灌装小包装油脂指用于生产小包装油脂［20升以下（含20升）］的灌装能力。油料处理能力和精炼能力及灌装能力均按每天开工三班24小时计算。玉米加工企业为日处理玉米的能力，按每天开工三班24小时计算；杂粮加工企业为日处理杂粮能力，按每天开工三班24小时计算。

（13）除玉米加工业的年生产能力按照日处理原料能力×300天计算外，其他各粮油加工行业按日处理原料能力×250天计算。

（14）主食厨房销售网点数量：销售企业生产的主食产品的网点数量。包括企业自建销售网点、与粮油应急供应网点、军粮供应站等主体合作的代销售网点、进入商超、贸易市场的代销点等。

（15）主食厨房配送中心数量：企业用来配送主食产品的站点数量。

（16）饲料：以粮食及其副产品为原料，通过粉碎、配料、混合等工艺，加工产出饲养禽、畜、水产类等动物的食物。包括配合饲料、浓缩饲料、预混合饲料和其他饲料。

（17）食品工业用粉：符合通用面粉标准要求，根据客户实际需要订制生产的，具备一定规格的，用于工业转化的面粉。

（18）民用粉：主要面向消费者销售，用于直接口粮消费的面粉。

（19）非传统食用大米：发芽糙米、留胚米、蒸谷米。

（20）鲜湿面：以小麦粉为主要原料，经多道工序制成，简单调制即可食用的保鲜保湿的方便食品。

（21）企业建立优质原粮基地面积：企业通过订单、合同、入股、流转耕地使用权等方式设立的优质原粮基地。

（22）优质原粮基地关联农户数：企业通过订单、合同、入股、流转耕地使用权等方式设立优质原粮基地，所关联涉及的农户数量。

（23）订单收购粮食数量：企业通过订单收购的粮食数量。

（24）小麦粉加工主机：GB/T 36139—2018《粮油机械 产品型号编制方法》中的各类制粉机械设备。

（25）大米加工主机：GB/T 36139—2018《粮油机械 产品型号编制方法》中的各类碾米机械设备。

（26）油脂加工主机：GB/T 36139—2018《粮油机械 产品型号编制方法》中的各类制油机械设备。

（27）仓储设备：GB/T 36139—2018《粮油机械 产品型号编制方法》中的各类粮仓机械设备。

（28）通用设备：GB/T 36139—2018《粮油机械 产品型号编制方法》中的各类粮油通用机械设备。

（29）粮油质检仪器：GB/T 36139—2018《粮油机械 产品型号编制方法》中的各类试验检验仪器设备。

3. 粮食流通报表部分

（1）从生产者购进：即收购，是指直接向种粮农民或者其他粮食生产者批量购买粮油的数量。其中购自本省（自治区、直辖市）行政区之外的粮油填在“省外”指标中。

企业从农村从事粮食收购活动的粮食经纪人购进的粮食，企业收回的因灾借粮，企业自产自销（或自用）的粮食，视同从生产者购进。

（2）国家临时存储收购：根据国家收购计划，由指定的执行国家收购政策的企业按照规定的挂牌价格从农民或其他粮食生产者批量购买的粮食数量。

（3）最低收购价收购：由政府指定的地区，按照政府制定的最低收购价从农民或其他粮食生产者批量购买的粮食数量。

（4）从企业购进：除购自生产者以外的其他粮食收储、加工企业或饲料、深加工等转化用粮企业的粮油商品数量。其中购自本省（自治区、直辖市）行政区之外的粮油填在“省外”指标中。

（5）销售：企业通过向其他单位和个人让渡粮食的所有权，并获取相应经济收入的行为。根据《中华人民共和国合同法》等法律法规的规定，凡销售行为成立的，无论粮食实物是否发生转移，销售货款是否回笼，企业都要及时做销售账务处理。

企业借给受灾居民的粮食，视同销售。

（6）进口：直接从国外、境外进口或委托代理企业进口的粮油商品数量。

（7）出口：直接向国外、境外出口或委托代理企业出口的粮油商品数量。

（8）库存：存放在仓库、货场、转运站等地的粮油实际数量。粮油库存一律由所有权方统计。

（9）储备规模：有关部门下达的且已经落实的储备规模数量，包括实际库存数量和销售及轮出后尚未补充的数量。

（10）储备粮转入：根据计划文件将中央或地方储备粮转作商品粮，以及中央或地方储备粮轮换时轮作商品粮的数量。

（11）转作储备粮：根据计划文件，将商品粮转作中央或地方储备粮，以及中央或地方储备粮轮换时轮入的商品粮数量。

（12）加工成品收回：加工原粮（油料）产出的成品粮（油）数量，对成品粮（油）进行再次加工的产出不计入。

（13）加工原料付出：加工实际耗用的原粮（包括榨油用的大豆）、油料。

（14）转化用粮（油）：饲料用粮（油）与工业用粮（油）数量之和。

（15）饲料用粮（油）：饲料企业加工生产饲料所用的粮食、养殖企业和农户直接喂养禽畜等所消费的粮食（食用油）数量之和。

（16）工业用粮（油）：工业、手工业、食品及副食酿造业、制酒业用作原料或辅助材料所消费的粮食（食用油）。

（17）其他收入和支出：不属于报表中所列各项具体粮油收支指标的收入和支出项目，如损失、损耗、溢余、加工折差等。

（18）商品量：粮食、油料生产者生产并出售的粮食、油料数量。

（19）社会粮食、食用油消费量：用于生产消费和生活消费的粮食、食用油数量。

（20）城镇人口口粮（油）：居住在城镇、工矿区的人口直接食用的粮食（食用油）数量。

（21）乡村人口口粮（油）：居住在乡村的人口直接食用的粮食（食用油）数量。

（22）种子用粮（油）：用于农业生产的粮食（油料）种子数量。

（23）榨油付出：加工实际耗用的油料。

（24）社会粮食、食用油库存：粮油经营企业的商品粮油库存、各级政府储备粮油库存、转化企业粮食和食用植物油及油料库存、城乡居民户家庭存储粮油之和。

（25）收购价格：企业直接向粮食生产者或者粮食经纪人购买粮油的价格。

（26）进库（厂）价格：企业购进粮油原料时的入库粮油价格，包括支付给卖方的全部粮油货款费用。

（27）出库（厂）价格：企业销售出库的粮油价格，不包含车板费用。

（28）批发价格：在粮食批发市场进场交易的粮油商品成交价格。

（29）零售价格：在粮店、超市、零售商店等商业网点销售的粮油商品价格。

4. 仓储设施报表部分

（1）库区面积：此处所说库区是指企业自有或通过租赁等方式用于粮食收购、整理、储存等作业，有一定封闭措施，相对独立的粮油储存区域（企业为管理方便而人为地将连成一片的粮油储存区域划分为几个管理区的，不能作为独立的库区进行统计）。填写统计时点企业各库区所占用的土地面积。包括仓房、地坪、办公、检验等设施占用的土地面积。

（2）完好仓容：符合《粮油储藏技术规范》相关要求的标准仓房的设计仓容，即能够安全储粮的标准仓房的设计装粮能力，不包括需大修、待报废仓容。

（3）平房仓：用于储存粮食且满足储粮功能要求的单层房式建筑物。

（4）浅圆仓：用于储存粮食且满足储粮功能要求，仓内直径一般在20米以上，仓壁高度与粮仓直径之比小于1.5的筒式建筑物。

（5）立筒仓：用于储存粮食且满足储粮功能要求的除浅圆仓之外的筒式建筑物。

（6）楼房仓：建筑与楼房相似的多层粮仓。

（7）其他仓型：除平房仓、浅圆仓、立筒仓、楼房仓以外的其他仓房类型。

（8）建成时间：以仓房完成竣工验收时间为准。

（9）需大修仓容：不能满足安全储粮需要，必须进行仓房结构或1/3以上墙体、屋面、地面、门窗等维修后，才能装粮的仓房容量。

（10）待报废仓容：使用超过设计年限或仓房结构损坏不可逆转，已经不能安全储粮且没有维修价值、准备报废的仓房容量（注：已报废但尚未拆除的仓房，或虽未报废但事实上已完全转作他用、不再储粮的仓房，皆不在此列，也不统计，视同仓容完全灭失或退出行业用途）。

（11）简易仓容：填写各类简易仓的仓房容量。简易仓指四壁简单围挡全封闭、安全储存粮食时间一般不超过1年的简易储粮设施。由于简易仓不属于标准仓房，完好仓容、需大修仓容、待报废仓容里不统计简易仓容。储粮罩棚单独统计，不在简易仓容里反映。

（12）油罐个数：填写油罐数量。

（13）油罐罐容：填写企业拥有的单罐罐容1吨以上的油罐罐容之和。单罐容量按照设计容量或标定容量计算。如未进行标定或设计容量不详，按照以下公式计算：

$$\text{圆柱体立式油罐容量（吨）}=\text{油罐底面积}（m^2）\times \text{油罐柱高}（m）\times 0.9\times 0.9$$

卧式油罐、油槽、地下油罐等异型油罐，可按照安全储存的最大容量填写。

（14）储粮罩棚：专门用于粮食储藏，配备有测温、通风等保粮技术条件，满足临时收纳和短期周转可安全储粮的无墙身或无完整墙身的半封闭钢结构建筑物（含国家有关部门下达储粮罩棚建设计划后建设的储粮罩棚仓容）。

（15）其他罩棚：无墙身或无完整墙身的棚状建筑物。包括铁路罩棚、货场罩棚、机械罩棚、其他罩棚等（不包括专门的储粮罩棚）。

（16）地坪：企业储粮区内已进行混凝土硬化处理的场地。包括库区道路、晒场、仓间混凝土硬化地面等。

（17）烘干设施：填写技术性能良好的烘干设施或设备数量。

（18）烘干能力：填写实际最大烘干能力。

（19）铁路专用线有效长度：产权归本企业所有，由企业自行或委托其他单位管理，主要为本企业粮油运输服务的铁路岔线，能够停放车辆进行装卸作业的长度。

（20）专用码头：产权归本企业所有，由企业自行或委托其他单位管理，主要为本企业粮油运输服务，且能够停放100吨及以上级别船舶的码头。

（21）应用环流熏蒸仓容：填写装备了符合《粮油储藏磷化氢环流熏蒸装备》（GB/T 17913—2008）要求设备的仓房的设计仓容。

（22）应用粮情测控仓容：填写装备了符合《粮情测控系统》（LS/T 1203—2002）要求设备的仓房的设计仓容。

（23）应用机械通风仓容：填写装备了符合《储粮机械通风技术规程》（LS/T 1202—2002）要求设备的仓房的设计仓容。

（24）实现气调储粮仓容：填写符合《粮油储藏技术规范》（GB/T 29890—2013）8.3气调储粮技术要求的仓房的设计仓容。

（25）实现低温准低温储粮仓容：填写符合《粮油储藏技术规范》（GB/T 29890—2013）8.1 低温或准低温储藏要求的仓房的设计仓容。

5. 粮食流通基础设施建设投资报表部分

（1）粮食流通基础设施建设：主要包括粮食仓储设施、物流设施、信息化建设等，不含粮油加工设施建设。其中，粮食仓储设施主要包括仓房、油罐、接发设施、烘干机等生产设施；检化验室、罩棚等辅助生产设施；管理业务用房、食堂等管理及生活设施；库区内的道路、堆场、晒场等室外工程等。粮食物流设施主要包括中转库、接发设施（含铁路专用线、站台、码头）、运输工具等。信息化建设具体分为省级粮食管理平台、粮库智能化升级改造、粮食交易中心和现货批发市场电子商务信息一体化平台建设、重点粮食加工企业信息化改造、粮食应急配送中心信息化建设。

（2）危仓老库维修改造项目：对具有维修价值的“危仓老库”进行维修改造的项目，包括一般维修、大修改造和功能提升（包括维修改造油罐）。

（3）年度完成投资：统计年度内实际支出的全部投资额。包括实际完成的建筑安装工程价值，设备、工具、器具的购置费，以及实际发生的其他费用。

（4）中央财政：统计年度内项目建设所用的各类中央财政拨款的总和。

（5）地方财政：统计年度内项目建设所用的各类省、市、县级财政拨款的总和。

（6）利用外资：统计年度内项目建设所用包括统借统还、自借自还的国外贷款，中外合资项目中的外资，以及对外发行债券和股票等的总和。

（7）其他投资：统计年度内项目建设所用在除以上各种资金之外其他所有资金的总和。

（8）新建成仓容（罐容）：在统计年度内竣工验收后新增加仓房（油

罐）规模。

（9）收纳库系统：一般包含粮食出入库、收购资金结算、统计报表等基本功能的信息系统。

（10）储备库系统：在收纳库系统功能基础上，增加储备粮管理与仓储管理等模块的信息系统。

（11）示范库系统：应用自动控制、物联网、智能仓储、数量监测、电子商务、BI 等新技术，可实现企业经营决策、作业流程控制、资源管理利用等功能，进行全面信息化管理的信息系统。

（12）现货批发市场信息化建设：现货批发市场为实现与国家平台联网运行的信息化建设。

（13）重点粮食加工企业信息化改造：对重点粮食加工企业的原粮出入库、库存管理和成品粮应急管理信息系统等进行改造建设。

（14）粮食应急配送中心信息化建设：粮食应急配送中心为实现出入库管理、作业调度、自动盘库、客户合同、物流配送（含车辆调度、路线优化）以及安防监控等功能而进行的信息化建设。

6. 从业人员报表部分

（1）从业人员：报告期的最后一天，在各级国家机关、政党机关、社会团体及企业、事业单位中工作，取得工资或其他形式的劳动报酬的全部人员。包括在岗职工、再就业的离退休人员、民办教师以及在各单位中工作的外方人员和港澳台方人员、兼职人员、借用的外单位人员和第二职业者。不包括离开本单位仍保留劳动关系的职工。

（2）在岗职工：在本单位工作并由单位支付工资的人员，以及有工作岗位，但由于学习、病伤产假（六个月以内）等原因暂未工作，仍由单位支付工资的人员。其中，长期职工是指用工期限在一年以上（含一年）的在岗职工，当年新分配的大中专技校毕业生虽在当年用工期限不满一年，但应视为长期职工；临时职工是指用工期限在一年以内的在岗职工，包括签订一年以内的劳动合同或使用期不超过一年的临时性、季节性用工，如临时招用的清洁工、司炉工等。

（3）企业经营管理人员：具体从事经营管理活动的人员，包括各级经理人以及具体从事规划计划、人力资源管理、市场营销、资本运营、财务审计、生产管理、法律事务、质量安全环保、行政管理等业务工作的人员。

（4）专业技术人员：在企事业单位中从事专业技术工作的人员和具有专业技术职务（职称）从事专业技术管理工作的人员。

（5）技术工人：具有一定的专业知识，掌握一定的工艺和技术，能够独立使用工具、设备进行操作或生产加工的熟练工人。分为初级工、中级工、高级工、技师、高级技师五个等级。

（6）其他从业人员：劳动统计制度规定不做在岗职工统计，但实际参加各单位工作并取得劳动报酬的人员。包括：聘用和留用的离退休人员；聘用的外籍人员和港、澳、台方人员；领取补贴的人员（指主要由街道、里弄临时安排到单位劳动锻炼的待业青年和犯了错误开除公职留用察看的人员）、兼职人员和从事第二职业者，不包括领取报酬的在校学生；使用外单位离岗职工。

（7）学历：在教育机构中接受科学文化知识训练的学习经历，有国家认可的毕业证书。含全日制教育和在职教育。其中，研究生含博士研究生、硕士研究生。参加各种课程进修班学习获结业证书的，不作为学历依据。

7. 粮油科技统计报表部分

（1）项目名称：报有关部门批准立项项目的名称。

（2）项目编号：按照国家、部分或省市给予的项目编号进行填写，本单位立项项目按照年度、A、001 顺序编号，例如：本单位编号第一的项目为“2012A001”。

（3）项目负责人：项目牵头人和管理者。

（4）项目类别：包括：01. 重点研发计划；02. 支撑计划；03. 公益专项；04. 863 项目；05. 973 项目；06. 农转项目；07. 国际合作专项；08. 国家自然科学基金项目；09. 院所开发专项；10. 高技术产业

化项目；11. 地方科技项目；12. 单位自主开发；13. 横向委托研究；14. 其他。

（5）项目技术领域：01. 储藏领域；02. 加工领域；03. 粮食物流领域；04. 检测及质量安全领域；05. 粮食宏观调控及信息化领域；06. 粮油食品营养。

（6）项目批复部门及来源：包括科技部、国家发展改革委、财政部、国家粮食和物资储备局、基金委、农业农村部、地方财政、其他。

（7）起止年限：起始时间指课题正式下达任务或签订合同的时间。如果这两个时间不一致，则填写签订合同的时间。结题时间指课题通过鉴定或验收的时间。如果课题至年底仍在进行，则填写预计结题时间。

（8）国家财政总预算：本课题立项时，在项目合同书上或课题计划上所确定的国拨资金总额。

（9）当年国家财政拨款：统计年度国拨资金数额。

（10）地方财政拨款：地方政府或政府所属部门拨付的财政性质经费，地方立项项目也填写此项。

（11）单位自筹/接受委托：单位在项目实施中自行筹措的资金或者接受其他单位委托开展科研工作的科研投入费用。

（12）专利：年度由国内外知识产权行政部门向调查单位授予专利权的知识产权，包括：发明专利、实用新型、外观设计。

（13）论文：SCI（科学引文索引）收录指当年论文被SCI期刊收录的篇数。EI（工程索引）期刊收录指当年论文被EI期刊收录的篇数。ISTP（科技会议索引目录）收录指当年论文被ISTP收录的篇数。

（14）标准：经过有关部门批准实施的标准，包括国家标准、行业标准、企业标准。

（15）著作：经过正式出版部门编印出版的科技专著、大专院校教科书、科普著作。只统计本单位科技人员为第一作者的著作。同一书名计为一种著作，与书的发行量无关。

（16）获奖：成果获得国家级、省部级奖励情况。

（17）新产品：采用新技术原理、新设计构思研制、生产的全新产品，或在结构、材质、工艺等某一方面比原有产品有明显改进，从而显著提高了产品性能或扩大了使用功能的产品。本报表中的新产品产值、新产品销售收入、新产品销售利润等指标既包括经政府有关部门认定并在有效期内的新产品，也包括本单位自行研制开发，未经政府有关部门认定，从投产之日起一年之内的新产品。

（18）新技术：根据生产实践经验和自然科学原理而发展成的各种新的工艺操作方法与技能，或者在原有技术上的改进与革新。

（19）新工艺：工艺是劳动者利用生产工具对各种原材料、半成品进行增值加工或处理，最终使之成为制成品的方法与过程。新工艺就是新的方法或程序。

（20）国家级粮食科技创新平台：由国家批复的粮食科技创新平台，包括国家工程技术研究中心、国家工程实验室、国家重点实验室。

（21）省部级粮食科技创新平台：由省或部门批复的粮食科技创新平台，包括省部级工程技术研究中心、省部级重点实验室、企业工程中心、产业技术联盟等。

五、附录

（一）粮油商品目录

行业代码	类别名称	行业代码	类别名称
401030103	小麦	4020401	菜籽油
401030104	小麦粉	4020402	油菜籽
401030203	稻谷	4020501	花生油
40103020301	早籼稻	4020502	花生果
40103020302	中晚籼稻	40206	大豆油
40103020303	粳稻	40207	棉籽油

续 表

行业代码	类别名称	行业代码	类别名称
401030204	大米	40208	棕榈油
40103020401	早籼米	4020901	葵花油
40103020402	中晚籼米	4020902	葵花籽
40103020403	粳米	40210	油茶籽油
40103030101	玉米	4021101	芝麻油
40103030102	玉米面和玉米糁	4021102	芝麻
4010304	高粱	40212	玉米油
4010305	大麦	40213	米糠油
4010306	谷子	40214	调和油
4010307	其他谷物	4021501	其他油
401040101	大豆	4021502	其他油料
401040102	豆饼豆粕		
4010402	其他豆类		
4010501	马铃薯折粮		
4010502	其他薯类折粮		
40106	粮油食品		
40107	粮食深加工产品		

本目录根据国家统计局《统计用产品分类目录》和粮油行业实际情况确定。

小麦：实际小麦。

小麦粉：实际小麦粉。

专用小麦粉指按照 SB/T10136～10145—93 或企业标准，专门用于制作某种食品的小麦粉，包含：面包专用粉、饺子专用粉等。

早籼稻：实际早籼稻。

中晚籼稻：实际中籼稻和晚籼稻之和。

粳稻：实际粳稻（包括糯稻）。

早籼米：实际早籼米。

中晚籼米：实际中籼米和实际晚籼米之和。

粳米：实际粳米（包括糯米）。

玉米：实际玉米。

玉米面和玉米粒：实际玉米面、玉米粒之和。

其他谷物：不属于小麦、稻谷、玉米、高粱、大麦、谷子的其他谷物品种之和。

大豆：实际大豆（包括黄豆、青豆、黑豆）。

豆饼豆粕：实际豆饼、实际豆面、实际豆粕之和。

其他豆类：不属于大豆的其他豆类品种之和。

马铃薯折粮：实际马铃薯按5∶1折粮的数量。

其他薯类折粮：不属于马铃薯的其他薯类按5∶1折粮的数量。

菜籽油：实际菜籽油。

油菜籽：实际油菜籽。

花生油：实际花生油。

花生果：实际花生果（带壳）和花生仁折花生果之和。

豆油：实际豆油。

棉籽油：以棉花籽榨的油及棉花籽折油之和。

棕榈油：实际棕榈油。

葵花油：实际葵花油。

葵花籽：实际葵花籽（带壳）和葵花仁折葵花籽之和。

油茶籽油：实际油茶籽油。

芝麻油：实际芝麻油。

芝麻：实际芝麻。

玉米油：实际玉米油。

米糠油：实际米糠油。

调和油：将两种以上经精炼的油脂（香味油除外）按比例调配制成的食用油。

其他油：不属于以上品种的其他食用油之和。

其他油料：不属于以上品种的其他食用油料之和。

粮油食品：以原粮或成品粮油为主要原料，通过蒸煮、发酵、焙烤、冷冻等工艺，加工产出的各种粮油食品，包括主食和副食。其中，主食包括馒头（含花卷、包子等）、挂面、方便面、鲜湿面、米制品（含方便米饭、方便米粥、米粉、米糕等）等主食品，以及各种速冻米面制主食（含速冻包子、速冻饺子、速冻馒头、花卷、春卷、速冻汤圆等）；副食包括饼干、糕点、豆制品、调味品等。

粮食深加工产品：以粮食及其副产品为原料，通过物理化学方法，加工产出的商品淀粉（含食用淀粉、工业淀粉、药用淀粉、变性淀粉等）、酒精（含食用酒精、工业酒精、医用酒精、燃料乙醇等）、淀粉糖［含葡萄糖（浆）、麦芽糖（浆）、糊精、饴糖、高果葡糖浆、啤酒用糖浆、功能性低聚糖、低聚木糖、低聚异麦芽糖等］、多元醇（含山梨糖醇、木糖醇、麦芽糖醇、甘露糖醇、低聚异麦芽糖醇、乙二醇、环氧乙烷、丙二醇等）、发酵制品（含味精、氨基酸、柠檬酸等）及其他工业产品。

（二）社会粮食、食用植物油抽样调查方案

为全面、准确地掌握全国及各地区粮食和食用植物油供需平衡状况，为各级政府粮食宏观调控提供可靠依据，确保国家粮食安全，根据《粮食流通管理条例》关于建立粮食供需抽查制度的规定，特制订本方案。

一、调查对象

城乡居民户、各类涉粮企业（包括粮食收储、加工及转化用粮企业等）。

二、调查内容

粮食、食用植物油的供给量、消费量和库存量，以及粮食跨省流通量。

三、调查方法

社会粮食、食用植物油供需平衡调查工作，是由国家粮食和物资储备局统一组织，地方各级粮食行政管理部门共同参与实施的一项重要工作。

（一）乡村居民户粮油收支平衡调查方法

1. 国家粮食和物资储备局按一定抽样比例测算各省（区、市）乡村居民户抽样调查样本数，以2016年乡村人口人均粮食产量为标识，对各省（区、市）下辖的县级行政区进行分层，确定每层包含的县级行政区，将各省（区、市）乡村居民户样本数分解到各层。

2. 各省（区、市）粮食行政管理部门在每一层中随机抽取不少于三分之一的县级行政区，将该层样本数合理分解到调查县。

3. 调查县以乡村人口人均粮食产量为标识，按等距抽样方法抽取3个乡镇，每个乡镇随机抽取3个村，每个村随机抽取调查户。

（二）城镇居民户粮油收支平衡调查方法

1. 国家粮食和物资储备局按一定抽样比例测算各省（区、市）城镇居民户抽样调查样本数。

2. 各省（区、市）粮食行政管理部门将本省城镇居民抽样调查样本数合理分解到各地市城区和承担乡村居民户调查任务的调查县。

3. 各地市城区中，规模较大的地市采取由市抽街道（社区）、街道抽居民户二阶段抽样方法，确定被调查的城镇居民户；规模较小的市及调查县，可直接通过各街道随机抽取被调查的城镇居民户。

（三）涉粮企业粮油收支平衡调查

采取统计报表全面调查方法。

（四）涉粮企业省际间粮食流向情况调查

采取统计报表全面调查方法。

四、数据质量检查与评估

（一）地方粮食部门不得随意变更或增减调查市、县；年内非特殊情况，不得随意变更或增减调查户数。

（二）地方粮食部门指导城乡居民户做好粮油收支台账的日常登记，并及时通过“国家粮油统计信息系统”上报；各级粮食部门要加强对基础调查数据的审核把关，确保真实可靠。

（三）国家粮食和物资储备局每年抽取10%的调查户进行评估，核实基础数据的真实性及样本的代表性，定期检验抽样调查误差。

五、调查数据生成

各省（区、市）粮食行政管理部门依据上述基础调查数据，结合外部数据，测算本地区粮食消费情况。未入统的个体工商户等其他粮食经营者，可通过抽样调查对相关数据进行必要调整，以提高数据的准确性。

国家粮食和物资储备局依据上述基础调查数据，结合统计、农业、海关等部门及饲料、酒精、淀粉等有关行业协会数据，利用统一的推算方法，生成全国社会粮食、食用植物油供需平衡调查表。同时，测算各省（区、市）社会粮食、食用植物油供需平衡调查表初步数，与各省（区、市）粮食行政管理部门会商后定案，做到分地区与全国数据衔接一致。

六、调查时间和频率

粮食、食用植物油供需平衡调查每年开展一次，以每年 12 月 31 日为标准时点，调查年度数据。乡村居民户存粮调查以 4 月 30 日为标准时点。

七、有关要求

（一）地方各级粮食部门要加强组织领导，充实调查力量，明确专人负责调查工作。

（二）国家粮食和物资储备局委托各省（区、市）粮食行政管理部门对承担调查任务的地、县级调查人员开展业务培训，并给予培训经费补助。

（三）国家粮食和物资储备局按照城乡居民调查户的有效样本数量拨付调查费用。

（三）向国家统计局提供的统计资料清单

1. 粮食行业统计资料
2. 社会粮油供需平衡调查报告（秘密）
3. 粮食统计月报（秘密）
4. 粮食收购情况简报

5. 粮油市场监测信息

（四）向统计信息共享数据库提供的统计资料清单

1. 粮食行业统计资料
2. 社会粮油供需平衡调查报告（秘密）
3. 粮食统计月报（秘密）
4. 粮食收购情况简报
5. 粮油市场监测信息

附件 2

国家粮食流通统计调查制度实施细则

第一章　总则

第一条　为贯彻实施《国家粮食流通统计调查制度》，科学、有效地组织粮食（含油脂及油料，下同）流通统计工作，促进统计工作的规范化和科学化，保障统计资料的真实性、准确性、完整性和及时性，发挥粮食流通统计在服务粮食宏观调控和指导粮食产业经济发展中的重要作用，制定本细则。

第二条　粮食流通统计的基本任务是依据《中华人民共和国统计法》（以下简称《统计法》）和《粮食流通管理条例》等国家有关法律、法规和规定，运用各种统计方法对粮食经济现象进行统计调查、统计分析，提供统计资料和统计咨询意见，实行统计监督。

第三条　粮食流通统计的主要内容包括粮食购销存流转统计、社会粮油供需平衡调查、粮食市场监测预警、粮食产业经济统计、粮食仓储设施和基础建设投资统计、粮食行业机构与从业人员统计、粮食科技统计等。

第四条　凡在中华人民共和国境内从事与粮食流通相关的经营活动（粮食收购、销售、储存、运输、进出口、成品粮油加工，以粮食为生产原料的饲料、养殖、粮油食品及酿造，以及酒精、淀粉等粮食深加工）的企业事业单位，粮食流通行政管理部门和粮油科研单位，必须按照《国家粮食流通统计调查制度》和本细则的要求，如实提供粮食统计资料和情况，不得虚报、瞒报、拒报、迟报，不得伪造、篡改。

第五条　国家粮食和物资储备局负责粮食流通统计调查制度的顶层设计，开发全国统一的粮食流通统计信息系统，指导、督促地方粮食行政管理部门依法开展粮食流通统计工作，对地方粮食行政管理部门和各类涉粮企业执行《国家粮食流通统计调查制度》的情况进行抽查，对省级粮食行政管理部门的粮食流通统计工作进行年度考核。

第六条 地方粮食行政管理部门负责具体组织实施《国家粮食流通统计调查制度》，指导、督促统计调查对象依法履行报送统计报表的义务，加强对统计数据的审核把关，及时发布粮食流通统计信息。加强粮食统计工作体系建设，组织开展对统计人员的专业培训和职业道德教育，加强对《国家粮食流通统计调查制度》执行情况的日常监督检查，努力实现统计调查科学化、统计基础规范化、统计技术现代化、统计服务优质化。

第二章 统计机构和统计人员

第七条 各级粮食行政管理部门必须依照《统计法》的规定和粮食流通统计工作的要求，落实粮食流通统计职责。地方各级粮食行政管理部门应设立粮食统计机构或明确统计工作牵头单位，明确统计工作分管领导，指定统计负责人，设置适应统计任务需要的专职统计人员，统计调查经费纳入本级财政预算。各类粮食统计调查对象都要设置专职或者兼职统计人员，并指定统计负责人，配备电脑、网络等信息化设备。

第八条 各级粮食行政管理部门应加强统计人员专业队伍建设，保持统计人员的相对稳定。应深入实际调查研究，加强对基层单位和统计调查对象的业务指导。组织开展统计专业培训和职业道德教育，提高统计人员的业务技能和职业素养。新任统计人员必须经过严格培训，具备从事统计工作所需要的专业知识和技术能力。

第九条 各级粮食行政管理部门要建立健全统计人员和统计负责人的逐级备案制度。统计人员的调动，应当征求本部门、本单位统计负责人的意见，其中具有中级以上统计专业职称人员的调动，应当征得上级粮食行政管理部门的同意。

第十条 各级粮食行政管理部门统计负责人、统计机构和统计人员的主要职责是：

（一）组织、协调本部门各职能机构的统计工作，完成国家统计调查、行业统计调查和地方统计调查任务，制定和实施本部门的粮食统计调查计划，搜集、整理、分析、提供统计资料；

（二）组织国家统计法律、法规和相关政策的贯彻实施，对管辖区域内各类涉粮涉油企业实行统计监督；

（三）根据《国家粮食流通统计调查制度》，拟定本部门的统计工作规章制度，管理本部门的粮食统计调查表和基本统计资料；

（四）组织指导本部门统计人员的业务培训，加强统计队伍建设。

第十一条 各类粮食企业统计负责人、统计人员的主要职责是：

（一）组织、协调本单位的粮食统计工作，完成国家统计调查、行业统计调查和地方统计调查任务，搜集、整理、分析、提供统计资料；

（二）严格执行《统计法》和《国家粮食流通统计调查制度》，对本单位及下属单位实行统计监督；

（三）管理本单位的粮食经营台账（统计台账）、统计调查表和基本统计资料。

第三章 统计业务

第十二条 各类粮食企业应当根据本企业有关原始记录和凭证建立粮食统计台账，如实记录粮食购进、销售、加工和储存等基础数据。粮食统计台账的保留期限不得少于 3 年。各省、自治区、直辖市粮食行政管理部门应针对调查对象的不同情况，规范统计台账的具体内容和要求。

第十三条 各类粮食企业应按要求填写粮食统计报表，并及时向当地粮食行政管理部门报送。各类粮食企业应保证原始记录和凭证、统计台账和统计报表中各项数据的一致性、准确性、完整性，并对所提供的统计数据和情况的真实性负责。

第十四条 粮食统计报表实行网络直报制度，各项统计数据上报前应逐级严格审核。月报报出后发现差错，一般在发现月份调整。年度终了前，要对全年各月数据再进行一次全面审核，如差错较大，调整后发生红字或影响历史资料对比的，报经上级主管部门同意后，订正原月报数据。

第十五条 各级粮食行政管理部门和企业留存的各项统计报表，必须由统计人员签名、统计负责人审核并签字、单位负责人同意并加盖填报单位公章。

县级以上粮食行政管理部门的统计机构在向主管部门报送资料的同时，应将基本统计资料报送同级政府统计机构。

第十六条 各级粮食行政管理部门针对粮食流通中出现的新情况、新问题、新变化和新特点，有选择地开展一些专项调查。专项调查应符合精简、效能的原则。

在统计调查和汇总的基础上，运用科学的方法，对统计资料进行全面、系统研究，撰写统计分析报告，揭示粮食经济活动的内在联系、矛盾及其变化规律，提出政策措施建议。

第十七条 各级粮食行政管理部门应做好统计资料的积累，省级粮食行政管理部门应建立省级粮食统计数据库。统计资料包括统计数据库、统计台账、统计图表、统计报告、统计出版物及其电子文档等。

各级粮食行政管理部门应建立统计资料的审核、查询、订正制度，统计资料由本单位统计机构或者统计负责人统一管理，妥善保存。统计机构调整或统计负责人调动，必须办理统计资料的交接手续，保证统计资料连续、完整。

第十八条 各级粮食行政管理部门对粮食统计资料的发布实行集中管理，并严格执行《统计法》和国家有关保密规定。各级粮食行政管理部门公开发布的统计资料，向有关部门、单位和个人提供的统计资料，应由统计负责人或统计机构核定，报主管领导批准；重要统计资料，应报主要领导批准。

第四章 统计纪律

第十九条 各级粮食行政管理部门、各类粮食企业和统计人员必须严格遵照执行《国家粮食流通统计调查制度》规定的各种统计报表的统计范围、数字口径、指标解释、计算方法、商品目录、报送时间。

第二十条 各级粮食行政管理部门、各类粮食企业的统计机构和统计人员必须实事求是地准确填报有关粮食统计数据。统计负责人必须严格审核，对本单位统计机构和统计人员提供的报表资料如有疑问，可以通知统计人员复查，不得擅自修改，不得强令、授意统计人员篡改、编造统计数据。

第二十一条 各级粮食行政管理部门在统计工作中必须保守国家秘密，自觉遵守保密制度。统计机构和统计人员对统计调查中知悉的统计调查对象的商业秘密和属于企业、私人、家庭的单项调查资料，负有保密义务。涉密统计资料要严格按照保密制度的有关规定，通过加密设备安全传输或报送。

第五章 奖励和惩处

第二十二条 国家粮食和物资储备局根据《国务院办公厅关于印发粮食安全省长责任制考核办法的通知》（国办发〔2015〕80 号）等有关规定，对省级粮食行政管理部门粮食流通统计工作实行年度考核，考核结果同时作为粮食安全省长责任制重点考核事项“加强粮情监测预警”的主要参考依据。对在完成规定的粮食统计调查任务，保障统计资料的准确性、及时性等方面做出显著成绩的省级粮食行政管理部门和统计人员，给予适当奖励。

第二十三条 各级粮食行政管理部门应组织开展《粮食流通统计调查制度》执行情况监督检查，坚持日常监督检查与定期开展专项检查相结合。监督检查的主要内容包括：

（一）是否存在虚报、瞒报、拒报、漏报、迟报、伪造、篡改统计资料的行为；

（二）是否依据原始经营记录，建立统计台账，按照期限规定保留粮食统计台账；

（三）是否依法设立统计机构或设置统计人员；

（四）统计人员是否经过培训，其调动是否符合有关规定；

（五）有无侵犯统计机构和统计人员职权的行为；

（六）统计资料的管理和公布是否符合有关规定，有无泄露国家秘密、调查对象的商业秘密和企业、私人、家庭单项调查资料的行为；

（七）是否按规定的调查方案进行调查，有无改变调查内容、调查对象和调查时间等问题；

（八）法律、法规和规章规定的其他事项。

第二十四条 开展粮食流通统计调查制度执行情况监督检查应严格按照《粮食流通监督检查暂行办法》组织实施。实施统计监督检查时，检查人员有权：

（一）查阅、审核、复制被检查单位的原始记录、统计台账、统计报表以及与统计有关的其他资料；

（二）经检查机关负责人批准，登记保存检查对象的有关原始记录和凭证、统计台账、统计报表以及其他相关证明和资料；

（三）向有关单位和个人进行调查询问，要求如实提供情况。

第二十五条 对各类涉粮企业未建立粮食经营台账，或者未按照规定报送粮食基本数据和有关情况的，由粮食行政管理部门依据《粮食流通管理条例》责令改正，予以警告，可以处20万元以下的罚款；情节严重的，并由粮食行政管理部门暂停或者取消粮食收购资格。行政处罚结果应通过政府网站公开发布。

涉粮企业的违法行为记入企业诚信管理档案，给予违法企业必要的失信惩戒，包括不得参与国家政策性粮食收储、竞价销售、定向销售，以及粮食应急加工和供应等活动。对严重失信企业，粮食行政管理部门会同有关部门采取联合惩戒措施，包括禁止参加政府采购活动，限制补贴性资金支持等。

第二十六条 粮食行政管理部门、各类粮食企业的领导自行修改统计资料、编造虚假数据或者强令、授意统计机构、统计人员篡改统计资料或者编造虚假数据的，依法给予行政处分；统计人员参与篡改统计资料、编造虚假数据的，依法给予行政处分。

第二十七条 粮食行政管理部门及其人员泄露企业、私人、家庭的单项调查资料或者统计调查对象的商业秘密，造成损害的，依法承担民事责任，并对负有责任的主管人员和其他直接责任人员依法给予行政处分。

第六章 附则

第二十八条 省级粮食行政管理部门在确保《国家粮食流通统计调查制度》得到有效执行的前提下，可结合本地实际，制定本省（自治区、直辖市）粮食流通统计调查制度，并报国家粮食和物资储备局。

中国储备粮管理集团有限公司按照《中央储备粮管理条例》的有关规定，制定《中央储备粮油统计制度》并组织实施，并按要求向国家粮食和物资储备局报送中央储备粮统计报表。《中央储备粮油统计制度》须先报经国家粮食和物资储备局审核，再报国家统计局审批。

第二十九条 中国储备粮管理集团有限公司负责管理的最低收购价粮、临时存储粮等国家政策性粮食，以及其直属企业轮换的商品粮由公司总部统计汇总，向国家粮食和物资储备局报送。其他中央企业按照属地原则，向企业所在地粮食行政管理部门报送统计报表。

第三十条 中央和地方储备粮承储企业在储备粮轮换过程中，购进的用于轮入的新粮，以及轮出的陈粮，均须纳入企业商品粮管理，由承贷企业负责统计。

第三十一条 为贯彻落实粮食安全省长责任制，中储粮分公司应将中央储备粮、最低收购价粮、国家临时存储粮等中央事权粮食相关统计报表抄送省级粮食行政管理部门，满足地方政府及相关部门分析、研判本省（自治区、直辖市）粮食流通形势的需要。省级粮食行政管理部门应主动为中储粮分公司的经营管理提供有关统计资料和统计咨询等服务。

第三十二条 本细则自发布之日起施行。

附件3

关于防范和惩治粮食流通统计造假弄虚作假责任制规定（试行）

第一条 为深入贯彻落实中央《关于深化统计管理体制改革提高统计数据真实性的意见》，全面防范和严肃惩治粮食流通统计造假、弄虚作假，健全落实统计机构领导责任制，保障统计数据质量，根据《中国共产党纪律处分条例》《中国共产党问责条例》《中华人民共和国统计法》《中华人民共和国统计法实施条例》《行政机关公务员处分条例》和《统计违法违纪行为处分规定》及其他有关法律、行政法规，制定本规定。

第二条 本规定适用于各级粮食行政管理部门中直接管理或从事粮食流通统计工作的人员。

第三条 建立防范和惩治统计造假、弄虚作假责任制，坚持集体领导与个人分工负责相结合，本部门主要负责同志承担第一责任，分管同志承担主要责任，统计牵头单位负责人和统计人员承担直接责任，谁主管、谁负责，谁经办、谁负责，形成一级抓一级、层层抓落实的责任体系。

第四条 部门主要负责同志对防范和惩治统计造假、弄虚作假工作负第一责任。

其责任是：主持制定防范和惩治统计造假、弄虚作假工作计划和措施；健全统计机构，充实统计人员，加强统计人员的专业培训和职业道德教育；推动建立责任体系，努力形成从上到下、自始至终防范和惩治统计造假、弄虚作假责任机制；加强对下级粮食行政管理部门统计工作的监督管理。

第五条 班子成员中分管负责人对防范和惩治统计造假、弄虚作假工作负主要责任。

其责任是：带头遵守执行统计法律法规规章，研究落实分管范围内防范和惩治统计造假、弄虚作假的具体任务和措施，督促指导分管专业切实履行防范和惩治统计造假、弄虚作假责任；组织分管专业严格依照统计法律法规规章和统计调查制度开展统计调查；健全分管专业统计调查制度设计、统计任务布置和统计数据采集、处理、存储、报送和发布等环节的数据质量控制制度；组织分管专业对数据质量进行核查，及时将统计调查和质量核查中发现的统计违纪违法行为线索移交执法机构，支持配合执法机构对违纪违法行为进行执法检查和责任追究，始终将防范和惩治统计造假、弄虚作假责任贯穿于统计调查全过程。

第六条 统计牵头单位负责人和统计人员对防范和惩治统计造假、弄虚作假工作负直接责任。

其责任是：依法履行职责，如实搜集、报送统计资料，不得伪造、篡改统计资料，不得以任何方式要求任何单位和个人提供不真实的统计资料；坚持实事求是，恪守职业道德，对其负责搜集、审核、录入的统计资料与统计调查对象报送的统计资料的一致性负责；及时报告统计调查和质量核查中发现的统计违纪违法行为线索，配合执法机构对违纪违法行为进行执法检查和责任追究。

第七条 各级粮食行政管理部门任何人不得自行修改统计人员依法搜集、整理的统计资料，不得以任何方式要求统计人员伪造、篡改统计资料，不得对依法履行职责或者拒绝、抵制统计违法行为的统计人员打击报复。

第八条 各级粮食行政管理部门执法机构依法对下级粮食行政管理部门数据真实情况进行监督检查，统计牵头单位和有关统计人员要积极配合。

第九条 国家粮食和物资储备局建立粮食流通统计数据监督检查机制，对地方粮食行政管理部门统计数据真实准确情况定期进行监督检查。地方各级粮食行政管理部门要结合本地粮食流通统计工作实际，建立相应的监督检查机制。

第十条 对违反统计法律法规及本办法有关规定的，由有关部门按照中央《关于深化统计管理体制改革提高统计数据真实性的意见》要求，依据《中国共产党纪律处分条例》《中国共产党问责条例》《中华人民共和国统计法》《中华人民共和国统计法实施条例》《行政机关公务员处分条例》和《统计违法违纪行为处分规定》《事业单位工作人员处分暂行规定》追究责任。

第十一条 本规定由国家粮食和物资储备局解释，自印发之日起施行。

附录 2

中共中央办公厅 国务院办公厅关于印发《防范和惩治统计造假、弄虚作假督察工作规定》的通知

厅字〔2018〕77号

各省、自治区、直辖市党委和人民政府，中央和国家机关各部委，解放军各大单位、中央军委机关各部门，各人民团体：

《防范和惩治统计造假、弄虚作假督察工作规定》已经中央领导同志同意，现印发给你们，请认真遵照执行。

中共中央办公厅

国务院办公厅

2018年8月24日

（此件公开发布）

防范和惩治统计造假、弄虚作假督察工作规定

第一条 为了构建防范和惩治统计造假、弄虚作假督察机制，推动各地区各部门严格执行统计法律法规，确保统计数据真实准确，根据《关于深化统计管理体制改革提高统计数据真实性的意见》《统计违纪违法责任人处分处理建议办法》等有关规定和《中华人民共和国统计法》《中华人民共和国统计法实施条例》等法律法规，制定本规定。

第二条 统计督察必须坚持以习近平新时代中国特色社会主义思想为指导，全面贯彻党的十九大和十九届二中、三中全会精神，牢固树立政治意识、大局意识、核心意识、看齐意识，坚持和加强党的全面领导，坚持稳中求进工作总基调，坚持新发展理念，紧扣我国社会主要矛盾变化，按照高质量发展的要求，围绕统筹推进“五位一体”总体布局和协调推进“四个全面”战略布局，聚焦统计法定职责履行、统计违纪违法现象治理、统计数据质量提升，注重实效、突出重点、发现问题、严明纪律，维护统计法律法规权威，推动统计改革发展，为经济社会发展做好统计制度保障。

第三条 根据党中央、国务院授权，国家统计局组织开展统计督察，监督检查各地区各部门贯彻执行党中央、国务院关于统计工作的决策部署和要求、统计法律法规、国家统计政令等情况。

第四条 国家统计局负责统筹、指导、协调、监督统计督察工作，主要职责是制订年度督察计划，批准督察事项，审定督察报告，研究解决督察中存在的重大问题。国家统计局统计执法监督局承担统计督察日常工作。

国家统计局通过组建统计督察组开展统计督察工作，统计督察组设组长、副组长，实行组长负责制，副组长协助组长开展工作。

第五条 统计督察对象是与统计工作相关的各地区、各有关部门。

重点是各省、自治区、直辖市党委和政府主要负责同志和与统计工作相关的领导班子成员，必要时可以延伸至市级党委和政府主要负责同志和与统计工作相关的领导班子成员；国务院有关部门主要负责同志和与统计工作相关的领导班子成员；省级统计机构和省级政府有关部门领导班子成员。

第六条 对省级党委和政府、国务院有关部门开展统计督察的内容包括：

（一）贯彻落实党中央、国务院关于统计改革发展各项决策部署，加强对统计工作组织领导，指导重大国情国力调查，推动统计改革发展，研究解决统计建设重大问题等情况；

（二）履行统计法定职责，遵守执行统计法律法规，严守领导干部统计法律底线，依法设立统计机构，维护统计机构和人员依法行使统计职权，保障统计工作条件，支持统计活动依法开展等情况；

（三）建立防范和惩治统计造假、弄虚作假责任制，问责统计违纪违法行为，建立统计违纪违法案件移送机制，追究统计违纪违法责任人责任，发挥统计典型违纪违法案件警示教育作用等情况；

（四）应当督察的其他情况。

对市级及以下党委和政府、地方政府有关部门，可以参照上述规定开展统计督察。

第七条 对各级统计机构、国务院有关部门行使统计职能的内设机构开展统计督察的内容包括：

（一）贯彻落实党中央、国务院关于统计改革发展各项决策部署，完成国家统计调查任务，执行国家统计标准和统计调查制度，组织实施重大国情国力调查等情况；

（二）履行统计法定职责，遵守执行统计法律法规，严守统计机构、统计人员法律底线，依法独立行使统计职权，依法组织开展统计工作，依法实施和监管统计调查，依法报请审批或者备案统计调查项目及其统计调查制度，落实统计普法责任制等情况；

（三）执行国家统计规则，遵守国家统计政令，遵守统计职业道德，执行统计部门规章和规范性文件，落实各项统计工作部署，组织实施统计改革，加强统计基层基础建设，参与构建新时代现代化统计调查体系，建立统计数据质量控制体系等情况；

（四）落实防范和惩治统计造假、弄虚作假责任制，监督检查统计工作，开展统计执法检查，依法查处统计违法行为，依照有关规定移送统计违纪违法责任人处分处理建议或者违纪违法问题线索，落实统计领域诚信建设制度等情况；

（五）应当督察的其他情况。

对国务院有关部门行使统计职能的内设机构开展统计督察的内容还包括：依法提供统计资料、行政记录，建立统计信息共享机制，贯彻落实统计信息共享要求等情况。

对地方政府有关部门行使统计职能的内设机构，可以参照上述规定开展统计督察。

第八条 统计督察主要采取以下方式进行：

（一）召开有关统计工作座谈会，听取被督察地区、部门遵守执行统计法律法规、履行统计法定职责等情况汇报；

（二）与被督察地区、部门有关领导干部和统计人员进行个别谈话，向知情人员询问有关情况；

（三）设立统计违纪违法举报渠道，受理反映被督察地区、部门以及有关领导干部统计违纪违法行为问题的来信、来电、来访等；

（四）调阅、复制有关统计资料和与统计工作有关的文件、会议记录等材料，进入被督察地区、部门统计机构统计数据处理信息系统进行比对、查询；

（五）进行遵守执行统计法律法规等情况的问卷调查，开展统计执法“双随机”抽查，赴被督察地区、部门进行实地调查了解；

（六）经国家统计局批准的其他方式。

第九条 统计督察工作一般按照以下程序进行：

（一）制定方案。国家统计局根据具体任务组建统计督察组，确定统计督察组组长、副组长、成员，明确督察组及其成员职责。统计督察组根据其职责制定实施方案，明确督察目的、对象、内容、方式、期限等。

（二）实地督察。统计督察组赴有关地区、部门督察前应当先收集了解督察对象有关统计工作的基本情况，并向被督察地区、部门送达统计督察通知书。统计督察组到达后应当向被督察地区、部门通报督察内容，严格按照督察实施方案开展督察。

（三）报告情况。统计督察组实地督察结束后应当在规定时间内形成书面督察报告以及督察意见书，经与督察对象沟通后，向国家统计局报告督察基本情况，反映发现的统计违纪违法问题，提出处理建议。

第十条 国家统计局应当及时听取统计督察组的督察情况汇报，研究提出处理意见。对涉及有关国家工作人员涉嫌统计违纪违法、应当依纪依法给予处分处理的，按照有关规定办理。

第十一条 国家统计局应当及时向被督察地区、部门反馈相关督察情况，指出有关统计工作问题，有针对性地提出整改意见，将督察意见书提供给被督察地区、部门，并将督察报告以及督察意见书移交中央纪委国家监委、中央组织部。其中，对各省、自治区、直辖市党委和政府以及国务院有关部门的督察意见应当报经党中央、国务院同意后再反馈。统计督察情况应当以适当方式向社会公开。

第十二条 被督察地区、部门收到统计督察组反馈意见后，应当对存在的问题认真整改落实，并在 3 个月内将整改情况反馈国家统计局。国家统计局应当以适当方式监督整改落实情况。

第十三条 督察中发现统计违纪违法问题和线索的，按照《统计违纪违法责任人处分处理建议办法》有关规定办理。

第十四条 国家统计局每年年初应当向党中央、国务院报告上年度统计督察情况。

第十五条 被督察地区、部门应当支持配合统计督察工作。被督察地区、部门领导班子成员应当自觉接受统计督察监督，积极配合统计督察组开展工作。督察涉及的相关人员有义务向统计督察组如实反映情况。

第十六条 被督察地区、部门及其工作人员违反规定不支持配合甚至拒绝、阻碍和干扰统计督察工作的，应当视为包庇、纵容统计违纪违法行为，依照有关规定严肃处理。

第十七条 统计督察组应当坚持实事求是，深入调查研究，全面准确了解情况，客观公正反映问题。

统计督察工作人员应当严格遵守政治纪律、组织纪律、廉洁纪律、工作纪律等有关纪律要求，有下列情形之一的，视情节轻重，给予批评教育、组织处理或者党纪政务处分；涉嫌犯罪的，移送有关机关依法处理：

（一）对统计造假、弄虚作假问题瞒案不报、有案不查、查案不力，不如实报告统计督察情况，甚至隐瞒、歪曲、捏造事实的；

（二）泄露统计督察工作中知悉的国家秘密、商业秘密、个人信息及其工作秘密的；

（三）统计督察工作中超越权限造成不良后果的；

（四）违反中央八项规定精神，或者利用统计督察工作便利，谋取私利或者为他人谋取不正当利益的；

（五）有其他违反统计督察纪律行为的。

第十八条 国家统计局根据本规定制定具体实施办法。

第十九条 本规定由国家统计局负责解释。

第二十条 本规定自2018年8月24日起施行。

附录3

防范和惩治统计造假、弄虚作假督察工作规定实施办法

（2020年修订）

第一章　总则

第一条　为全面贯彻执行《防范和惩治统计造假、弄虚作假督察工作规定》（以下简称《规定》），扎实做好防范和惩治统计造假、弄虚作假督察（以下简称统计督察）工作，更加有效发挥统计监督职能作用，制定本办法。

第二条　统计督察是国家统计局根据党中央、国务院授权，监督检查各地区、各部门贯彻执行党中央、国务院关于统计工作的决策部署和要求、统计法律法规、国家统计政令等情况。

第三条　统计督察必须坚持以习近平新时代中国特色社会主义思想为指导，注重实效、突出重点、发现问题、严明纪律，确保党中央、国务院关于统计工作决策部署贯彻落实，维护统计法律法规权威，推动统计深化改革和创新发展，为经济社会发展提供统计保障。

第四条　统计督察包括常规督察、专项督察和督察回头看。常规督察是针对《规定》明确的全部督察内容，对有关地区和部门开展的监督检查；专项督察是对督察内容中某一项或者几项内容的监督检查；督察回头看是对已督察地区和部门落实督察整改情况的监督检查。

第五条　国家统计局每五年对各省、自治区、直辖市党委、政府普遍组织开展一次常规督察，选取部分国务院部门组织开展常规督察；依据地方、部门存在突出问题情况组织开展专项督察；依据已督察地区和部门落实督察整改情况组织开展督察回头看。

第六条 国家统计局每年年初制定年度督察计划，按规定报经党中央、国务院批准后实施。

第七条 国家统计局负责统筹、指导、协调、监督统计督察工作，并通过组建统计督察组（以下简称督察组）开展工作。国家统计局统计执法监督局（以下简称执法监督局）负责统计督察日常工作。

第二章 统计督察组织机构

第八条 国家统计局党组（以下简称局党组）统一领导统计督察工作，负责审定统计督察重要规范性文件、年度督察计划，批准督察实施方案、成立督察组，审定督察报告和督察意见书。

第九条 国家统计局成立统计督察领导小组（以下简称领导小组），在局党组统一领导下负责具体领导工作。领导小组组长为国家统计局主要负责同志，常务副组长为国家统计局分管统计法治工作负责同志，副组长为国家统计局负责同志和总师，成员为办公室（国际合作司、政策研究室）、执法监督局、统计设计管理司、国民经济综合统计司、国民经济核算司、工业统计司、能源统计司、固定资产投资统计司、贸易外经统计司、人口和就业统计司、社会科技和文化产业统计司、农村社会经济调查司、城市社会经济调查司、住户调查办公室、服务业调查中心（服务业统计司）、人事司、财务司、机关党委、普查中心主要负责同志。

第十条 领导小组职责是：

（一）组织领导和监督督察组工作；

（二）审议统计督察重要规范性文件、年度督察计划、督察实施方案；

（三）听取统计督察情况汇报，研究重要问题，提出处理意见；

（四）审议督察报告、督察意见书；

（五）审议年度督察报告；

（六）研究审议督察工作中的其他重要事项。

第十一条 领导小组下设办公室（以下简称督察办），设在执法监督局，负责统计督察工作的具体组织实施。办公室主任为执法监督局主要负责同志，副主任为执法监督局司局级干部。

第十二条 督察办职责是：

（一）拟定统计督察规范性文件、年度督察计划、督察实施方案模版、年度督察报告；

（二）组建督察组，提出人员名单；

（三）指导、协调督察组工作；

（四）组织开展统计督察培训；

（五）对督察报告、督察意见书等进行规范性审核；

（六）以适当方式监督被督察地区和部门整改落实情况；

（七）完成局党组、领导小组交办的其他事项。

第三章 督察组组建及工作职责

第十三条 督察组人员名单由督察办依据年度督察计划，结合统计督察具体任务提出。

督察组设组长 1 名，副组长不少于 2 名，必要时设第一副组长、常务副组长和督察专员。组长由国家统计局负责同志或者原国家统计局负责同志（部级）担任，副组长由领导小组成员、调查总队主要负责同志或者相关司级单位负责同志担任。督察专员由司局级干部担任。

督察组组员从国家统计局机关工作人员、省级统计机构业务骨干以及国家统计局执法骨干人才库人员中选调。

第十四条 督察组成员名单经领导小组审议同意后，报请局党组审定。局党组印发督察组组建文件，授权开展统计督察工作。

第十五条 督察组成员的选配应当遵循回避原则。可能影响对一个地区和部门督察公正性的，不能担任该地区和部门督察组组长、副组长、督察专员和组员。

第十六条　督察组职责是：

（一）根据模版细化制定本组督察实施方案，编印工作手册；

（二）印发统计督察通知书；

（三）明确组内任务分工；

（四）开展实地督察；

（五）撰写督察报告和督察意见书；

（六）撰写新闻稿；

（七）向被督察地区和部门反馈督察意见；

（八）完成局党组、领导小组交办的其他事项。

第十七条　督察组实行组长负责制，组长负责督察组的全面工作，履行第一责任人职责。副组长协助组长完成督察组相关工作，必要时经批准代行组长职责。

第四章　实地督察

第十八条　督察组应当严格执行督察实施方案，统筹安排实地督察各项任务。

第十九条　督察组应当及时印制统计督察通知书，最晚于启程前10日发送被督察地区和部门。

第二十条　督察组进驻被督察地区和部门后，应当及时与被督察地区和部门主要负责同志及与统计工作相关的领导班子成员对接沟通工作，向被督察地区和部门传达党中央、国务院关于统计工作决策部署，通报督察事宜和工作要求。被督察地区和部门进行表态发言。

第二十一条　督察组应当在被督察地区和部门主要新闻媒体公布进驻消息。

督察组应当在被督察地区和部门门户网站等主要媒体公布统计违纪违法举报信箱、电话、电子邮箱、地址等信息，指定专人负责受理举报统计违纪违法行为的来信来电来访。对于非统计领域违纪违法举报，属于来电来访的，告知举报人向有关职能部门反映；属于来信或者其他无法告知情形的，实地督察结束后按程序移交被督察地区和部门处理。

第二十二条 督察组应当按照督察实施方案的规定，在党政机关内部组织开展问卷调查，围绕督察内容，有针对性地选取调查对象了解情况。

第二十三条 督察组应当按照督察实施方案确定的谈话对象、内容组织开展个别谈话，就督察事项及相关内容询问有关人员。

第二十四条 督察组应当根据实地督察需要，调阅、复制有关文件、会议纪要、统计资料、行政记录以及其他所需资料，对被督察地区和部门相关统计数据进行核实、比对。

第二十五条 督察组应当按照督察实施方案的规定，组织开展统计执法“双随机”抽查，了解被督察地区和部门统计调查对象遵守执行统计法律法规情况。

第二十六条 督察组应当深入被督察地区和部门的党政机关、统计调查对象进行实地调查，通过“四不两直”等方式听取干部群众对该地区和部门统计工作方面的意见。

第二十七条 督察组应当对移送或者转交地方办理的统计违法案件查处情况、责任单位和责任人责任追究落实情况进行督办检查。

第二十八条 实地督察期间发现或者收到的被督察地区和部门统计违纪违法问题线索，由督察组根据情况组织实地核实。

第二十九条 督察组应当严格按照规定开展实地督察，正确履行督察职责，不得干预被督察地区和部门正常工作。

常规督察的实地督察应当在 13 日左右完成，专项督察和督察回头看的实地督察应当在 9 日左右完成。

第三十条 督察组严格实行请示报告制度。督察组成员遇到突发情况，应当及时向组长、副组长请示报告。其中，重大问题由督察组及时向领导小组请示报告，按照组织决定予以处置。

第三十一条 实地督察期间，不得向被督察地区和部门以及其他机构、人员泄露督察情况。

实地督察工作结束后，督察组可以适当方式与被督察地区和部门就督察开展情况进行简要沟通，但不得对督察发现的问题进行反馈。

第五章 督察报告和督察意见书

第三十二条 督察组应当指定专人负责督察报告和督察意见书的起草，按照督察报告撰写要求在实地督察期间及时整理督察情况，梳理汇总督察发现的问题。

督察报告和督察意见书原则上应当在实地督察结束后 30 天内形成。

第三十三条 督察报告应当突出重点，聚焦问题，提出整改要求，主要包括以下内容：

（一）统计督察工作开展情况；

（二）被督察地区和部门统计工作基本情况以及支持配合统计督察工作情况；

（三）发现的主要问题；

（四）整改意见建议。

第三十四条 督察组应当在督察报告的基础上形成对被督察地区和部门的督察反馈意见，撰写督察意见书。督察意见书主要包括以下内容：

（一）对被督察地区和部门统计工作情况的简要评价；

（二）发现的主要问题；

（三）整改意见建议。

第三十五条 督察组应当将督察报告以及督察意见书及时提交督察办进行规范性审核。领导小组应当及时听取督察组汇报，审议督察报告以及督察意见书，并报请局党组审定。其中，督察意见书经局党组审定后，应当书面征求被督察地区和部门意见。

第三十六条 督察意见书经与被督察地区和部门沟通达成一致后，上报党中央、国务院审批。经批准同意后，督察组应当及时向被督察地区和部门反馈督察意见，并将督察报告以及督察意见书移交中央纪委国家监委、中央组织部。

第三十七条 统计督察情况向被督察地区和部门反馈后，应当及时以适当方式向社会公开，接受社会监督。

第六章 问题整改和处置

第三十八条 被督察地区和部门收到督察组反馈意见后，应当在3个月内完成整改工作，并形成整改报告。同时，在整改报告的基础上，形成公开稿以适当方式向社会公开。

整改报告和公开稿应当及时报送国家统计局备案。

第三十九条 统计督察中发现的重大统计违纪违法问题和线索，由国家统计局组织核查；其他统计违纪违法问题和线索，按照以下途径办理：

（一）对地区开展统计督察发现的其他统计违纪违法问题和线索，移交被督察地区党委、政府组织省级统计机构核查；

（二）对部门开展统计督察发现的其他统计违纪违法问题和线索，其中，属于部门统计工作在地方执行中的统计违纪违法问题和线索的，移交统计违纪违法行为发生地的省级统计机构核查；其他统计违纪违法问题和线索，由督察组商督察办依法组织移交处理。

统计督察中发现的其他问题和线索，移交相关职能部门处理。

第四十条 建立督察整改落实监督机制。

督察办应当按照督察意见书提出的整改要求对被督察地区和部门进行督导，确保其在规定时间内完成整改落实任务。对整改落实不到位的有关地区和部门，由国家统计局负责同志约谈督促其落实。

第四十一条 督察办收到被督察地区和部门报送的整改报告后，应当对照督察意见书提出的整改要求进行审核。整改落实不到位的将作为督察回头看的重点对象。

第四十二条 督察办应当于每年年初对上年度统计督察情况进行认真

梳理总结，形成年度督察报告，经领导小组、局党组审议审定后上报党中央、国务院。

第七章 督察纪律

第四十三条 被督察地区和部门应当支持配合统计督察工作，为督察组提供办公场所、会议室、交通工具和必要办公设备等各项条件保障。

第四十四条 被督察地区和部门应当自觉接受统计督察监督，积极配合督察组开展工作。统计督察涉及的相关人员应当向督察组如实反映情况，按照要求提供相关文件、资料、材料，接受谈话询问。

第四十五条 被督察地区和部门及其工作人员有下列行为之一的，认定为违反规定不支持配合甚至拒绝、阻碍和干扰统计督察工作，应当视为包庇、纵容统计违纪违法行为，按照《关于深化统计管理体制改革提高统计数据真实性的意见》《统计违纪违法责任人处分处理建议办法》和《统计法》《统计法实施条例》《统计违法违纪行为处分规定》等有关规定追究责任：

（一）隐瞒不报或者向督察组提供虚假情况；

（二）转移、隐匿、篡改、毁弃有关资料、材料和证据；

（三）拒绝、拖延或者不按照要求向督察组提供有关文件、资料和材料；

（四）强令、指使、授意有关单位或者人员干扰、阻挠、限制统计督察工作，或者诬告、陷害他人；

（五）无正当理由拒不纠正存在的问题或者不按照要求整改；

（六）对反映问题的干部群众进行打击、报复、陷害；

（七）其他不支持配合甚至拒绝、阻碍和干扰统计督察工作的行为。

第四十六条 统计督察工作人员应当严格遵守政治纪律、组织纪律、廉洁纪律、工作纪律等有关纪律要求，有下列情形之一的，视情节轻重，给予批评教育、诫勉、组织处理或者党纪政务处分；涉嫌犯罪的，移送有关机关依法处理：

（一）对统计造假、弄虚作假问题瞒案不报、有案不查、查案不力，不如实报告统计督察情况，甚至隐瞒、歪曲、捏造事实；

（二）泄露统计督察工作中知悉的国家秘密、商业秘密、个人信息及工作秘密；

（三）统计督察工作中超越权限造成不良后果；

（四）违反中央八项规定精神，或者利用统计督察工作便利，谋取私利或者为他人谋取不正当利益；

（五）其他违反统计督察纪律的行为。

第八章　附则

第四十七条　本办法由国家统计局负责解释。

第四十八条　本办法自印发之日起施行。2019 年 4 月 28 日印发实施的《防范和惩治统计造假、弄虚作假督察工作规定实施办法（试行）》同时废止。

附录 4

中华人民共和国统计法

（1983 年 12 月 8 日第六届全国人民代表大会常务委员会第三次会议通过，根据 1996 年 5 月 15 日第八届全国人民代表大会常务委员会第十九次会议《关于修改〈中华人民共和国统计法〉的决定》修正，2009 年 6 月 27 日第十一届全国人民代表大会常务委员会第九次会议修订，自 2010 年 1 月 1 日起施行。）

目　录

第一章　总则

第一条　为了科学、有效地组织统计工作，保障统计资料的真实性、准确性、完整性和及时性，发挥统计在了解国情国力、服务经济社会发展中的重要作用，促进社会主义现代化建设事业发展，制定本法。

第二条　本法适用于各级人民政府、县级以上人民政府统计机构和有关部门组织实施的统计活动。

统计的基本任务是对经济社会发展情况进行统计调查、统计分析，提供统计资料和统计咨询意见，实行统计监督。

第三条　国家建立集中统一的统计系统，实行统一领导、分级负责的统计管理体制。

第四条　国务院和地方各级人民政府、各有关部门应当加强对统计工作的组织领导，为统计工作提供必要的保障。

第五条　国家加强统计科学研究，健全科学的统计指标体系，不断改进统计调查方法，提高统计的科学性。

国家有计划地加强统计信息化建设，推进统计信息搜集、处理、传输、共享、存储技术和统计数据库体系的现代化。

第六条　统计机构和统计人员依照本法规定独立行使统计调查、统计报告、统计监督的职权，不受侵犯。

地方各级人民政府、政府统计机构和有关部门以及各单位的负责人，不得自行修改统计机构和统计人员依法搜集、整理的统计资料，不得以任何方式要求统计机构、统计人员及其他机构、人员伪造、篡改统计资料，不得对依法履行职责或者拒绝、抵制统计违法行为的统计人员打击报复。

第七条　国家机关、企业事业单位和其他组织以及个体工商户和个人等统计调查对象，必须依照本法和国家有关规定，真实、准确、完整、及时地提供统计调查所需的资料，不得提供不真实或者不完整的统计资料，不得迟报、拒报统计资料。

第八条　统计工作应当接受社会公众的监督。任何单位和个人有权检举统计中弄虚作假等违法行为。对检举有功的单位和个人应当给予表彰和奖励。

第九条　统计机构和统计人员对在统计工作中知悉的国家秘密、商业秘密和个人信息，应当予以保密。

第十条　任何单位和个人不得利用虚假统计资料骗取荣誉称号、物质利益或者职务晋升。

第二章　统计调查管理

第十一条　统计调查项目包括国家统计调查项目、部门统计调查项目和地方统计调查项目。

国家统计调查项目是指全国性基本情况的统计调查项目。部门统计调查项目是指国务院有关部门的专业性统计调查项目。地方统计调查项目是指县级以上地方人民政府及其部门的地方性统计调查项目。

国家统计调查项目、部门统计调查项目、地方统计调查项目应当明确分工，互相衔接，不得重复。

第十二条　国家统计调查项目由国家统计局制定，或者由国家统计局和国务院有关部门共同制定，报国务院备案；重大的国家统计调查项目报国务院审批。

部门统计调查项目由国务院有关部门制定。统计调查对象属于本部门管辖系统的，报国家统计局备案；统计调查对象超出本部门管辖系统的，报国家统计局审批。

地方统计调查项目由县级以上地方人民政府统计机构和有关部门分别制定或者共同制定。其中，由省级人民政府统计机构单独制定或者和有关部门共同制定的，报国家统计局审批；由省级以下人民政府统计机构单独制定或者和有关部门共同制定的，报省级人民政府统计机构审批；由县级以上地方人民政府有关部门制定的，报本级人民政府统计机构审批。

第十三条 统计调查项目的审批机关应当对调查项目的必要性、可行性、科学性进行审查，对符合法定条件的，作出予以批准的书面决定，并公布；对不符合法定条件的，作出不予批准的书面决定，并说明理由。

第十四条 制定统计调查项目，应当同时制定该项目的统计调查制度，并依照本法第十二条的规定一并报经审批或者备案。

统计调查制度应当对调查目的、调查内容、调查方法、调查对象、调查组织方式、调查表式、统计资料的报送和公布等作出规定。

统计调查应当按照统计调查制度组织实施。变更统计调查制度的内容，应当报经原审批机关批准或者原备案机关备案。

第十五条 统计调查表应当标明表号、制定机关、批准或者备案文号、有效期限等标志。

对未标明前款规定的标志或者超过有效期限的统计调查表，统计调查对象有权拒绝填报；县级以上人民政府统计机构应当依法责令停止有关统计调查活动。

第十六条 搜集、整理统计资料，应当以周期性普查为基础，以经常性抽样调查为主体，综合运用全面调查、重点调查等方法，并充分利用行政记录等资料。

重大国情国力普查由国务院统一领导，国务院和地方人民政府组织统计机构和有关部门共同实施。

第十七条 国家制定统一的统计标准，保障统计调查采用的指标含义、计算方法、分类目录、调查表式和统计编码等的标准化。

国家统计标准由国家统计局制定，或者由国家统计局和国务院标准化主管部门共同制定。

国务院有关部门可以制定补充性的部门统计标准，报国家统计局审批。部门统计标准不得与国家统计标准相抵触。

第十八条 县级以上人民政府统计机构根据统计任务的需要，可以在统计调查对象中推广使用计算机网络报送统计资料。

第十九条 县级以上人民政府应当将统计工作所需经费列入财政预算。

重大国情国力普查所需经费，由国务院和地方人民政府共同负担，列入相应年度的财政预算，按时拨付，确保到位。

第三章 统计资料的管理和公布

第二十条 县级以上人民政府统计机构和有关部门以及乡、镇人民政府，应当按照国家有关规定建立统计资料的保存、管理制度，建立健全统计信息共享机制。

第二十一条 国家机关、企业事业单位和其他组织等统计调查对象，应当按照国家有关规定设置原始记录、统计台账，建立健全统计资料的审核、签署、交接、归档等管理制度。

统计资料的审核、签署人员应当对其审核、签署的统计资料的真实性、准确性和完整性负责。

第二十二条 县级以上人民政府有关部门应当及时向本级人民政府统计机构提供统计所需的行政记录资料和国民经济核算所需的财务资料、财政资料及其他资料，并按照统计调查制度的规定及时向本级人民政府统计机构报送其组织实施统计调查取得的有关资料。

县级以上人民政府统计机构应当及时向本级人民政府有关部门提供有关统计资料。

第二十三条 县级以上人民政府统计机构按照国家有关规定，定期公布统计资料。

国家统计数据以国家统计局公布的数据为准。

第二十四条 县级以上人民政府有关部门统计调查取得的统计资料，由本部门按照国家有关规定公布。

第二十五条 统计调查中获得的能够识别或者推断单个统计调查对象身份的资料，任何单位和个人不得对外提供、泄露，不得用于统计以外的目的。

第二十六条 县级以上人民政府统计机构和有关部门统计调查取得的统计资料，除依法应当保密的外，应当及时公开，供社会公众查询。

第四章 统计机构和统计人员

第二十七条 国务院设立国家统计局，依法组织领导和协调全国的统计工作。

国家统计局根据工作需要设立的派出调查机构，承担国家统计局布置的统计调查等任务。

县级以上地方人民政府设立独立的统计机构，乡、镇人民政府设置统计工作岗位，配备专职或者兼职统计人员，依法管理、开展统计工作，实施统计调查。

第二十八条 县级以上人民政府有关部门根据统计任务的需要设立统计机构，或者在有关机构中设置统计人员，并指定统计负责人，依法组织、管理本部门职责范围内的统计工作，实施统计调查，在统计业务上受本级人民政府统计机构的指导。

第二十九条 统计机构、统计人员应当依法履行职责，如实搜集、报送统计资料，不得伪造、篡改统计资料，不得以任何方式要求任何单位和个人提供不真实的统计资料，不得有其他违反本法规定的行为。

统计人员应当坚持实事求是，恪守职业道德，对其负责搜集、审核、录入的统计资料与统计调查对象报送的统计资料的一致性负责。

第三十条 统计人员进行统计调查时，有权就与统计有关的问题询问有关人员，要求其如实提供有关情况、资料并改正不真实、不准确的资料。

统计人员进行统计调查时，应当出示县级以上人民政府统计机构或者有关部门颁发的工作证件；未出示的，统计调查对象有权拒绝调查。

第三十一条 国家实行统计专业技术职务资格考试、评聘制度，提高统计人员的专业素质，保障统计队伍的稳定性。

统计人员应当具备与其从事的统计工作相适应的专业知识和业务能力。

县级以上人民政府统计机构和有关部门应当加强对统计人员的专业培训和职业道德教育。

第五章 监督检查

第三十二条 县级以上人民政府及其监察机关对下级人民政府、本级人民政府统计机构和有关部门执行本法的情况，实施监督。

第三十三条 国家统计局组织管理全国统计工作的监督检查，查处重大统计违法行为。

县级以上地方人民政府统计机构依法查处本行政区域内发生的统计违法行为。但是，国家统计局派出的调查机构组织实施的统计调查活动中发生的统计违法行为，由组织实施该项统计调查的调查机构负责查处。

法律、行政法规对有关部门查处统计违法行为另有规定的，从其规定。

第三十四条 县级以上人民政府有关部门应当积极协助本级人民政府统计机构查处统计违法行为，及时向本级人民政府统计机构移送有关统计违法案件材料。

第三十五条 县级以上人民政府统计机构在调查统计违法行为或者核查统计数据时，有权采取下列措施：

（一）发出统计检查查询书，向检查对象查询有关事项；

（二）要求检查对象提供有关原始记录和凭证、统计台账、统计调查表、会计资料及其他相关证明和资料；

（三）就与检查有关的事项询问有关人员；

（四）进入检查对象的业务场所和统计数据处理信息系统进行检查、核对；

（五）经本机构负责人批准，登记保存检查对象的有关原始记录和凭证、统计台账、统计调查表、会计资料及其他相关证明和资料；

（六）对与检查事项有关的情况和资料进行记录、录音、录像、照相和复制。

县级以上人民政府统计机构进行监督检查时，监督检查人员不得少于二人，并应当出示执法证件；未出示的，有关单位和个人有权拒绝检查。

第三十六条 县级以上人民政府统计机构履行监督检查职责时，有关单位和个人应当如实反映情况，提供相关证明和资料，不得拒绝、阻碍检查，不得转移、隐匿、篡改、毁弃原始记录和凭证、统计台账、统计调查表、会计资料及其他相关证明和资料。

第六章 法律责任

第三十七条 地方人民政府、政府统计机构或者有关部门、单位的负责人有下列行为之一的，由任免机关或者监察机关依法给予处分，并由县级以上人民政府统计机构予以通报：

（一）自行修改统计资料、编造虚假统计数据的；

（二）要求统计机构、统计人员或者其他机构、人员伪造、篡改统计资料的；

（三）对依法履行职责或者拒绝、抵制统计违法行为的统计人员打击报复的；

（四）对本地方、本部门、本单位发生的严重统计违法行为失察的。

第三十八条 县级以上人民政府统计机构或者有关部门在组织实施统计调查活动中有下列行为之一的，由本级人民政府、上级人民政府统计机构或者本级人民政府统计机构责令改正，予以通报；对直接负责的主管人员和其他直接责任人员，由任免机关或者监察机关依法给予处分：

（一）未经批准擅自组织实施统计调查的；

（二）未经批准擅自变更统计调查制度的内容的；

（三）伪造、篡改统计资料的；

（四）要求统计调查对象或者其他机构、人员提供不真实的统计资料的；

（五）未按照统计调查制度的规定报送有关资料的。

统计人员有前款第三项至第五项所列行为之一的，责令改正，依法给予处分。

第三十九条 县级以上人民政府统计机构或者有关部门有下列行为之一的，对直接负责的主管人员和其他直接责任人员由任免机关或者监察机关依法给予处分：

（一）违法公布统计资料的；

（二）泄露统计调查对象的商业秘密、个人信息或者提供、泄露在统计调查中获得的能够识别或者推断单个统计调查对象身份的资料的；

（三）违反国家有关规定，造成统计资料毁损、灭失的。

统计人员有前款所列行为之一的，依法给予处分。

第四十条 统计机构、统计人员泄露国家秘密的，依法追究法律责任。

第四十一条 作为统计调查对象的国家机关、企业事业单位或者其他组织有下列行为之一的，由县级以上人民政府统计机构责令改正，给予警告，可以予以通报；其直接负责的主管人员和其他直接责任人员属于国家工作人员的，由任免机关或者监察机关依法给予处分：

（一）拒绝提供统计资料或者经催报后仍未按时提供统计资料的；

（二）提供不真实或者不完整的统计资料的；

（三）拒绝答复或者不如实答复统计检查查询书的；

（四）拒绝、阻碍统计调查、统计检查的；

（五）转移、隐匿、篡改、毁弃或者拒绝提供原始记录和凭证、统计台账、统计调查表及其他相关证明和资料的。

企业事业单位或者其他组织有前款所列行为之一的，可以并处五万元以下的罚款；情节严重的，并处五万元以上二十万元以下的罚款。

个体工商户有本条第一款所列行为之一的，由县级以上人民政府统计机构责令改正，给予警告，可以并处一万元以下的罚款。

第四十二条 作为统计调查对象的国家机关、企业事业单位或者其他组织迟报统计资料，或者未按照国家有关规定设置原始记录、统计台账的，由县级以上人民政府统计机构责令改正，给予警告。

企业事业单位或者其他组织有前款所列行为之一的，可以并处一万元以下的罚款。

个体工商户迟报统计资料的，由县级以上人民政府统计机构责令改正，给予警告，可以并处一千元以下的罚款。

第四十三条 县级以上人民政府统计机构查处统计违法行为时，认为对有关国家工作人员依法应当给予处分的，应当提出给予处分的建议；该国家工作人员的任免机关或者监察机关应当依法及时作出决定，并将结果书面通知县级以上人民政府统计机构。

第四十四条 作为统计调查对象的个人在重大国情国力普查活动中拒绝、阻碍统计调查，或者提供不真实或者不完整的普查资料的，由县级以上人民政府统计机构责令改正，予以批评教育。

第四十五条 违反本法规定，利用虚假统计资料骗取荣誉称号、物质利益或者职务晋升的，除对其编造虚假统计资料或者要求他人编造虚假统计资料的行为依法追究法律责任外，由作出有关决定的单位或者其上级单位、监察机关取消其荣誉称号，追缴获得的物质利益，撤销晋升的职务。

第四十六条 当事人对县级以上人民政府统计机构作出的行政处罚决定不服的，可以依法申请行政复议或者提起行政诉讼。其中，对国家统计局在省、自治区、直辖市派出的调查机构作出的行政处罚决定不服的，向国家统计局申请行政复议；对国家统计局派出的其他调查机构作出的行政处罚决定不服的，向国家统计局在该派出机构所在的省、自治区、直辖市派出的调查机构申请行政复议。

第四十七条　违反本法规定，构成犯罪的，依法追究刑事责任。

第七章　附则

第四十八条　本法所称县级以上人民政府统计机构，是指国家统计局及其派出的调查机构、县级以上地方人民政府统计机构。

第四十九条　民间统计调查活动的管理办法，由国务院制定。

中华人民共和国境外的组织、个人需要在中华人民共和国境内进行统计调查活动的，应当按照国务院的规定报请审批。

利用统计调查危害国家安全、损害社会公共利益或者进行欺诈活动的，依法追究法律责任。

第五十条　本法自2010年1月1日起施行。

附录 5

中华人民共和国统计法实施条例

目　录

第一章 总则

第一条 根据《中华人民共和国统计法》（以下简称统计法），制定本条例。

第二条 统计资料能够通过行政记录取得的，不得组织实施调查。通过抽样调查、重点调查能够满足统计需要的，不得组织实施全面调查。

第三条 县级以上人民政府统计机构和有关部门应当加强统计规律研究，健全新兴产业等统计，完善经济、社会、科技、资源和环境统计，推进互联网、大数据、云计算等现代信息技术在统计工作中的应用，满足经济社会发展需要。

第四条 地方人民政府、县级以上人民政府统计机构和有关部门应当根据国家有关规定，明确本单位防范和惩治统计造假、弄虚作假的责任主体，严格执行统计法和本条例的规定。

地方人民政府、县级以上人民政府统计机构和有关部门及其负责人应当保障统计活动依法进行，不得侵犯统计机构、统计人员独立行使统计调查、统计报告、统计监督职权，不得非法干预统计调查对象提供统计资料，不得统计造假、弄虚作假。

统计调查对象应当依照统计法和国家有关规定，真实、准确、完整、及时地提供统计资料，拒绝、抵制弄虚作假等违法行为。

第五条 县级以上人民政府统计机构和有关部门不得组织实施营利性统计调查。

国家有计划地推进县级以上人民政府统计机构和有关部门通过向社会购买服务组织实施统计调查和资料开发。

第二章　统计调查项目

第六条　部门统计调查项目、地方统计调查项目的主要内容不得与国家统计调查项目的内容重复、矛盾。

第七条　统计调查项目的制定机关（以下简称制定机关）应当就项目的必要性、可行性、科学性进行论证，征求有关地方、部门、统计调查对象和专家的意见，并由制定机关按照会议制度集体讨论决定。

重要统计调查项目应当进行试点。

第八条　制定机关申请审批统计调查项目，应当以公文形式向审批机关提交统计调查项目审批申请表、项目的统计调查制度和工作经费来源说明。

申请材料不齐全或者不符合法定形式的，审批机关应当一次性告知需要补正的全部内容，制定机关应当按照审批机关的要求予以补正。

申请材料齐全、符合法定形式的，审批机关应当受理。

第九条　统计调查项目符合下列条件的，审批机关应当作出予以批准的书面决定：

（一）具有法定依据或者确为公共管理和服务所必需；

（二）与已批准或者备案的统计调查项目的主要内容不重复、不矛盾；

（三）主要统计指标无法通过行政记录或者已有统计调查资料加工整理取得；

（四）统计调查制度符合统计法律法规规定，科学、合理、可行；

（五）采用的统计标准符合国家有关规定；

（六）制定机关具备项目执行能力。

不符合前款规定条件的，审批机关应当向制定机关提出修改意见；修改后仍不符合前款规定条件的，审批机关应当作出不予批准的书面决定并说明理由。

第十条 统计调查项目涉及其他部门职责的，审批机关应当在作出审批决定前，征求相关部门的意见。

第十一条 审批机关应当自受理统计调查项目审批申请之日起20日内作出决定。20日内不能作出决定的，经审批机关负责人批准可以延长10日，并应当将延长审批期限的理由告知制定机关。

制定机关修改统计调查项目的时间，不计算在审批期限内。

第十二条 制定机关申请备案统计调查项目，应当以公文形式向备案机关提交统计调查项目备案申请表和项目的统计调查制度。

统计调查项目的调查对象属于制定机关管辖系统，且主要内容与已批准、备案的统计调查项目不重复、不矛盾的，备案机关应当依法给予备案文号。

第十三条 统计调查项目经批准或者备案的，审批机关或者备案机关应当及时公布统计调查项目及其统计调查制度的主要内容。涉及国家秘密的统计调查项目除外。

第十四条 统计调查项目有下列情形之一的，审批机关或者备案机关应当简化审批或者备案程序，缩短期限：

（一）发生突发事件需要迅速实施统计调查；

（二）统计调查制度内容未作变动，统计调查项目有效期届满需要延长期限。

第十五条 统计法第十七条第二款规定的国家统计标准是强制执行标准。各级人民政府、县级以上人民政府统计机构和有关部门组织实施的统计调查活动，应当执行国家统计标准。

制定国家统计标准，应当征求国务院有关部门的意见。

第三章 统计调查的组织实施

第十六条 统计机构、统计人员组织实施统计调查，应当就统计调查对象的法定填报义务、主要指标涵义和有关填报要求等，向统计调查对象作出说明。

第十七条 国家机关、企业事业单位或者其他组织等统计调查对象提供统计资料，应当由填报人员和单位负责人签字，并加盖公章。个人作为统计调查对象提供统计资料，应当由本人签字。统计调查制度规定不需要签字、加盖公章的除外。

统计调查对象使用网络提供统计资料的，按照国家有关规定执行。

第十八条 县级以上人民政府统计机构、有关部门推广使用网络报送统计资料，应当采取有效的网络安全保障措施。

第十九条 县级以上人民政府统计机构、有关部门和乡、镇统计人员，应当对统计调查对象提供的统计资料进行审核。统计资料不完整或者存在明显错误的，应当由统计调查对象依法予以补充或者改正。

第二十条 国家统计局应当建立健全统计数据质量监控和评估制度，加强对各省、自治区、直辖市重要统计数据的监控和评估。

第四章 统计资料的管理和公布

第二十一条 县级以上人民政府统计机构、有关部门和乡、镇人民政府应当妥善保管统计调查中取得的统计资料。

国家建立统计资料灾难备份系统。

第二十二条 统计调查中取得的统计调查对象的原始资料，应当至少保存2年。

汇总性统计资料应当至少保存10年，重要的汇总性统计资料应当永久保存。法律法规另有规定的，从其规定。

第二十三条 统计调查对象按照国家有关规定设置的原始记录和统计台账，应当至少保存2年。

第二十四条 国家统计局统计调查取得的全国性统计数据和分省、自治区、直辖市统计数据，由国家统计局公布或者由国家统计局授权其派出的调查机构或者省级人民政府统计机构公布。

第二十五条 国务院有关部门统计调查取得的统计数据，由国务院有关部门按照国家有关规定和已批准或者备案的统计调查制度公布。

县级以上地方人民政府有关部门公布其统计调查取得的统计数据，比照前款规定执行。

第二十六条　已公布的统计数据按照国家有关规定需要进行修订的，县级以上人民政府统计机构和有关部门应当及时公布修订后的数据，并就修订依据和情况作出说明。

第二十七条　县级以上人民政府统计机构和有关部门应当及时公布主要统计指标涵义、调查范围、调查方法、计算方法、抽样调查样本量等信息，对统计数据进行解释说明。

第二十八条　公布统计资料应当按照国家有关规定进行。公布前，任何单位和个人不得违反国家有关规定对外提供，不得利用尚未公布的统计资料谋取不正当利益。

第二十九条　统计法第二十五条规定的能够识别或者推断单个统计调查对象身份的资料包括：

（一）直接标明单个统计调查对象身份的资料；

（二）虽未直接标明单个统计调查对象身份，但是通过已标明的地址、编码等相关信息可以识别或者推断单个统计调查对象身份的资料；

（三）可以推断单个统计调查对象身份的汇总资料。

第三十条　统计调查中获得的能够识别或者推断单个统计调查对象身份的资料应当依法严格管理，除作为统计执法依据外，不得直接作为对统计调查对象实施行政许可、行政处罚等具体行政行为的依据，不得用于完成统计任务以外的目的。

第三十一条　国家建立健全统计信息共享机制，实现县级以上人民政府统计机构和有关部门统计调查取得的资料共享。制定机关共同制定的统计调查项目，可以共同使用获取的统计资料。

统计调查制度应当对统计信息共享的内容、方式、时限、渠道和责任等作出规定。

第五章　统计机构和统计人员

第三十二条　县级以上地方人民政府统计机构受本级人民政府和上级人民政府统计机构的双重领导，在统计业务上以上级人民政府统计机构的领导为主。

乡、镇人民政府应当设置统计工作岗位，配备专职或者兼职统计人员，履行统计职责，在统计业务上受上级人民政府统计机构领导。乡、镇统计人员的调动，应当征得县级人民政府统计机构的同意。

县级以上人民政府有关部门在统计业务上受本级人民政府统计机构指导。

第三十三条　县级以上人民政府统计机构和有关部门应当完成国家统计调查任务，执行国家统计调查项目的统计调查制度，组织实施本地方、本部门的统计调查活动。

第三十四条　国家机关、企业事业单位和其他组织应当加强统计基础工作，为履行法定的统计资料报送义务提供组织、人员和工作条件保障。

第三十五条　对在统计工作中做出突出贡献、取得显著成绩的单位和个人，按照国家有关规定给予表彰和奖励。

第六章　监督检查

第三十六条　县级以上人民政府统计机构从事统计执法工作的人员，应当具备必要的法律知识和统计业务知识，参加统计执法培训，并取得由国家统计局统一印制的统计执法证。

第三十七条　任何单位和个人不得拒绝、阻碍对统计工作的监督检查和对统计违法行为的查处工作，不得包庇、纵容统计违法行为。

第三十八条　任何单位和个人有权向县级以上人民政府统计机构举报统计违法行为。

县级以上人民政府统计机构应当公布举报统计违法行为的方式和途径，依法受理、核实、处理举报，并为举报人保密。

第三十九条 县级以上人民政府统计机构负责查处统计违法行为；法律、行政法规对有关部门查处统计违法行为另有规定的，从其规定。

第七章 法律责任

第四十条 下列情形属于统计法第三十七条第四项规定的对严重统计违法行为失察，对地方人民政府、政府统计机构或者有关部门、单位的负责人，由任免机关或者监察机关依法给予处分，并由县级以上人民政府统计机构予以通报：

（一）本地方、本部门、本单位大面积发生或者连续发生统计造假、弄虚作假；

（二）本地方、本部门、本单位统计数据严重失实，应当发现而未发现；

（三）发现本地方、本部门、本单位统计数据严重失实不予纠正。

第四十一条 县级以上人民政府统计机构或者有关部门组织实施营利性统计调查的，由本级人民政府、上级人民政府统计机构或者本级人民政府统计机构责令改正，予以通报；有违法所得的，没收违法所得。

第四十二条 地方各级人民政府、县级以上人民政府统计机构或者有关部门及其负责人，侵犯统计机构、统计人员独立行使统计调查、统计报告、统计监督职权，或者采用下发文件、会议布置以及其他方式授意、指使、强令统计调查对象或者其他单位、人员编造虚假统计资料的，由上级人民政府、本级人民政府、上级人民政府统计机构或者本级人民政府统计机构责令改正，予以通报。

第四十三条 县级以上人民政府统计机构或者有关部门在组织实施统计调查活动中有下列行为之一的，由本级人民政府、上级人民政府统计机构或者本级人民政府统计机构责令改正，予以通报：

（一）违法制定、审批或者备案统计调查项目；

（二）未按照规定公布经批准或者备案的统计调查项目及其统计调查制度的主要内容；

（三）未执行国家统计标准；

（四）未执行统计调查制度；

（五）自行修改单个统计调查对象的统计资料。

乡、镇统计人员有前款第三项至第五项所列行为的，责令改正，依法给予处分。

第四十四条 县级以上人民政府统计机构或者有关部门违反本条例第二十四条、第二十五条规定公布统计数据的，由本级人民政府、上级人民政府统计机构或者本级人民政府统计机构责令改正，予以通报。

第四十五条 违反国家有关规定对外提供尚未公布的统计资料或者利用尚未公布的统计资料谋取不正当利益的，由任免机关或者监察机关依法给予处分，并由县级以上人民政府统计机构予以通报。

第四十六条 统计机构及其工作人员有下列行为之一的，由本级人民政府或者上级人民政府统计机构责令改正，予以通报：

（一）拒绝、阻碍对统计工作的监督检查和对统计违法行为的查处工作；

（二）包庇、纵容统计违法行为；

（三）向有统计违法行为的单位或者个人通风报信，帮助其逃避查处；

（四）未依法受理、核实、处理对统计违法行为的举报；

（五）泄露对统计违法行为的举报情况。

第四十七条 地方各级人民政府、县级以上人民政府有关部门拒绝、阻碍统计监督检查或者转移、隐匿、篡改、毁弃原始记录和凭证、统计台账、统计调查表及其他相关证明和资料的，由上级人民政府、上级人民政府统计机构或者本级人民政府统计机构责令改正，予以通报。

第四十八条 地方各级人民政府、县级以上人民政府统计机构和有关部门有本条例第四十一条至第四十七条所列违法行为之一的，对直接负责的主管人员和其他直接责任人员，由任免机关或者监察机关依法给予处分。

第四十九条 乡、镇人民政府有统计法第三十八条第一款、第三十九条第一款所列行为之一的，依照统计法第三十八条、第三十九条的规定追究法律责任。

第五十条 下列情形属于统计法第四十一条第二款规定的情节严重行为：

（一）使用暴力或者威胁方法拒绝、阻碍统计调查、统计监督检查；

（二）拒绝、阻碍统计调查、统计监督检查，严重影响相关工作正常开展；

（三）提供不真实、不完整的统计资料，造成严重后果或者恶劣影响；

（四）有统计法第四十一条第一款所列违法行为之一，1 年内被责令改正 3 次以上。

第五十一条 统计违法行为涉嫌犯罪的，县级以上人民政府统计机构应当将案件移送司法机关处理。

第八章 附则

第五十二条 中华人民共和国境外的组织、个人需要在中华人民共和国境内进行统计调查活动的，应当委托中华人民共和国境内具有涉外统计调查资格的机构进行。涉外统计调查资格应当依法报经批准。统计调查范围限于省、自治区、直辖市行政区域内的，由省级人民政府统计机构审批；统计调查范围跨省、自治区、直辖市行政区域的，由国家统计局审批。

涉外社会调查项目应当依法报经批准。统计调查范围限于省、自治区、直辖市行政区域内的，由省级人民政府统计机构审批；统计调查范围跨省、自治区、直辖市行政区域的，由国家统计局审批。

第五十三条 国家统计局或者省级人民政府统计机构对涉外统计违法行为进行调查，有权采取统计法第三十五条规定的措施。

第五十四条 对违法从事涉外统计调查活动的单位、个人，由国家统计局或者省级人民政府统计机构责令改正或者责令停止调查，有违法所得的，没收违法所得；违法所得 50 万元以上的，并处违法所得 1 倍以上 3 倍以下的罚款；违法所得不足 50 万元或者没有违法所得的，处 200 万元以下的罚款；情节严重的，暂停或者取消涉外统计调查资格，撤销涉外社会调查项目批准决定；构成犯罪的，依法追究刑事责任。

第五十五条 本条例自 2017 年 8 月 1 日起施行。1987 年 1 月 19 日国务院批准、1987 年 2 月 15 日国家统计局公布，2000 年 6 月 2 日国务院批准修订、2000 年 6 月 15 日国家统计局公布，2005 年 12 月 16 日国务院修订的《中华人民共和国统计法实施细则》同时废止。

附录 6

统计违法违纪行为处分规定

中华人民共和国监察部
中华人民共和国人力资源和社会保障部　令
国家统计局
第 18 号

《统计违法违纪行为处分规定》已经监察部 2009 年 2 月 9 日第一次部长办公会议、人力资源社会保障部 2008 年 12 月 30 日第十六次部务会议、国家统计局 2008 年 11 月 6 日第十八次局务会议审议通过。现予公布，自 2009 年 5 月 1 日起施行。

监察部部长　马　馼
人力资源和社会保障部部长　尹蔚民
国家统计局局长　马建堂
2009 年 3 月 25 日

统计违法违纪行为处分规定

第一条 为了加强统计工作，提高统计数据的准确性和及时性，惩处和预防统计违法违纪行为，促进统计法律法规的贯彻实施，根据《中华人民共和国统计法》《中华人民共和国行政监察法》《中华人民共和国公务员法》《行政机关公务员处分条例》及其他有关法律、行政法规，制定本规定。

第二条 有统计违法违纪行为的单位中负有责任的领导人员和直接责任人员，以及有统计违法违纪行为的个人，应当承担纪律责任。属于下列人员的（以下统称有关责任人员），由任免机关或者监察机关按照管理权限依法给予处分：

（一）行政机关公务员；

（二）法律、法规授权的具有公共事务管理职能的事业单位中经批准参照《中华人民共和国公务员法》管理的工作人员；

（三）行政机关依法委托的组织中除工勤人员以外的工作人员；

（四）企业、事业单位、社会团体中由行政机关任命的人员。

法律、行政法规、国务院决定和国务院监察机关、国务院人力资源社会保障部门制定的处分规章对统计违法违纪行为的处分另有规定的，从其规定。

第三条 地方、部门以及企业、事业单位、社会团体的领导人员有下列行为之一的，给予记过或者记大过处分；情节较重的，给予降级或者撤职处分；情节严重的，给予开除处分：

（一）自行修改统计资料、编造虚假数据的；

（二）强令、授意本地区、本部门、本单位统计机构、统计人员或者其他有关机构、人员拒报、虚报、瞒报或者篡改统计资料、编造虚假数据的；

（三）对拒绝、抵制篡改统计资料或者对拒绝、抵制编造虚假数据的人员进行打击报复的；

（四）对揭发、检举统计违法违纪行为的人员进行打击报复的。

有前款第（三）项、第（四）项规定行为的，应当从重处分。

第四条 地方、部门以及企业、事业单位、社会团体的领导人员，对本地区、本部门、本单位严重失实的统计数据，应当发现而未发现或者发现后不予纠正，造成不良后果的，给予警告或者记过处分；造成严重后果的，给予记大过或者降级处分；造成特别严重后果的，给予撤职或者开除处分。

第五条 各级人民政府统计机构、有关部门及其工作人员在实施统计调查活动中，有下列行为之一的，对有关责任人员，给予记过或者记大过处分；情节较重的，给予降级或者撤职处分；情节严重的，给予开除处分：

（一）强令、授意统计调查对象虚报、瞒报或者伪造、篡改统计资料的；

（二）参与篡改统计资料、编造虚假数据的。

第六条 各级人民政府统计机构、有关部门及其工作人员在实施统计调查活动中，有下列行为之一的，对有关责任人员，给予警告、记过或者记大过处分；情节较重的，给予降级处分；情节严重的，给予撤职处分：

（一）故意拖延或者拒报统计资料的；

（二）明知统计数据不实，不履行职责调查核实，造成不良后果的。

第七条 统计调查对象中的单位有下列行为之一，情节较重的，对有关责任人员，给予警告、记过或者记大过处分；情节严重的，给予降级或者撤职处分；情节特别严重的，给予开除处分：

（一）虚报、瞒报统计资料的；

（二）伪造、篡改统计资料的；

（三）拒报或者屡次迟报统计资料的；

（四）拒绝提供情况、提供虚假情况或者转移、隐匿、毁弃原始统计记录、统计台账、统计报表以及与统计有关的其他资料的。

第八条 违反国家规定的权限和程序公布统计资料，造成不良后果的，对有关责任人员，给予警告或者记过处分；情节较重的，给予记大过或者降级处分；情节严重的，给予撤职处分。

第九条 有下列行为之一，造成不良后果的，对有关责任人员，给予警告、记过或者记大过处分；情节较重的，给予降级或者撤职处分；情节严重的，给予开除处分：

（一）泄露属于国家秘密的统计资料的；

（二）未经本人同意，泄露统计调查对象个人、家庭资料的；

（三）泄露统计调查中知悉的统计调查对象商业秘密的。

第十条 包庇、纵容统计违法违纪行为的，对有关责任人员，给予记过或者记大过处分；情节较重的，给予降级或者撤职处分；情节严重的，给予开除处分。

第十一条 受到处分的人员对处分决定不服的，依照《中华人民共和国行政监察法》《中华人民共和国公务员法》《行政机关公务员处分条例》等有关规定，可以申请复核或者申诉。

第十二条 任免机关、监察机关和人民政府统计机构建立案件移送制度。

任免机关、监察机关查处统计违法违纪案件，认为应当由人民政府统计机构给予行政处罚的，应当将有关案件材料移送人民政府统计机构。人民政府统计机构应当依法及时查处，并将处理结果书面告知任免机关、监察机关。

人民政府统计机构查处统计行政违法案件，认为应当由任免机关或者监察机关给予处分的，应当及时将有关案件材料移送任免机关或者监察机关。任免机关或者监察机关应当依法及时查处，并将处理结果书面告知人民政府统计机构。

第十三条 有统计违法违纪行为，应当给予党纪处分的，移送党的纪律检查机关处理。涉嫌犯罪的，移送司法机关依法追究刑事责任。

第十四条 本规定由监察部、人力资源社会保障部、国家统计局负责解释。

第十五条 本规定自2009年5月1日起施行。

后 记

本书的编写得到了各省粮食和物资储备局（粮食局）、中国储备粮管理集团有限公司的大力支持。编写过程中，国家统计局统计设计管理司处长张英花、南京财经大学副教授柳杰民、北京粮食集团高级统计师夏红卫、中国储备粮管理集团有限公司信息部副部长李志红、陕西省粮食和物资储备局副局长张翔、安徽省粮食和物资储备局原副局长许维彬、国家粮食交易协调中心总经济师张云等粮食和统计专家给予了非常宝贵的指导意见，在此一并表示诚挚感谢。

本书由国家粮食和物资储备局粮食储备司组织编写，秦玉云、周冠华、罗守全、郭晓虹、唐成负责统稿，具体编写人员（以姓氏笔画为序）如下：

丁雪松、马伟、王雄、王潇、王聪、王立昌、王法军、田云峰、白雪莲、白新园、邢文煦、朱健、朱友明、朱志昂、向玉旭、刘艺、刘喆、刘妍杉、安莉、许策、孙哲、孙燕、纪展、李兵、李俊、李洵、李萌、李铮、李忠平、杨丽欣、吴琼、吴彤政、沈洁、沈泱泱、张军、张雷、张加强、张俊鹏、张素萍、张耀和、陈玥宏、陈晓雅、苗丽婕、郑杰、孟凡璠、练丽珍、赵悠、赵泽林、赵祚林、胡兵、胡敏、姜绍好、袁海波、耿晓岨、夏仕重、夏红卫、徐政、高明、揭友莲、董祥、董琦琦、韩俊、韩然然、路冰、詹超、解家宝、裴春华、薛忠宝。